让你大吃一惊的科学

乌鸦也会记仇吗

以及其他科学奇闻

【英】卡尔·萨巴格(Karl Sabbagh)◇著
张大川　王书锋◇译

上海科技教育出版社

图书在版编目(CIP)数据

乌鸦也会记仇吗：以及其他科学奇闻/(英)萨巴格(Sabbagh, K.)著；张大川，王书锋译．—上海：上海科技教育出版社，2011.8(2022.6重印)
(让你大吃一惊的科学)
ISBN 978-7-5428-5254-0

Ⅰ．①乌…　Ⅱ．①萨…②张…③王…　Ⅲ．①科学知识—青年读物②科学知识—少年读物　Ⅳ．①Z228.2

中国版本图书馆CIP数据核字(2011)第149509号

评价

构思巧妙、条理分明、情节生动……即便只是随手翻阅，那些故事也能让你欲罢不能。

——《BBC 聚焦》

一本精彩有趣的科学书，每一位读者都能从中获得新的知识。

——《什罗普之星》

目录

序言

多年来本人一直为科学着迷,好多关于科学的奇闻轶事占据了我的大脑,其中一部分就用来作本书短文的写作素材。

在本书中你会看到:拿冰和锯末造航空母舰;用 ESP 探测核爆炸;一位发明家居然被自己的发明给害死了;某位哲学家坚信,如果女科学家多一些,今天的科学一定是另一番景象;一位可怜的黑人女子得了癌症,后来世界各地的实验室都保存了她的癌细胞;地球上有一座 20 亿年的核反应堆……

那些你闻所未闻的问题,例如:

为什么夜晚的天空是黑的?为什么你转动眼球的时候,地球不跟着一起动?没有大脑真的不行吗?钱能带来幸福吗?盲人能看见东西吗?1 加 1 真的等于 2 吗?你会在本书中找到答案。

翻阅这些短文不仅能带来愉悦,激发好奇心,还能从中了解天文学、数学、生物学、物理学的知识,知道科学家使用什么方法来验证假设。

比如,“夜晚的天空为什么是黑的?” 这个问题几百年前就提出来了,回答它就要用到人类在 20 世纪才获得的宇宙大爆炸的知识。再比如“盲人能看见吗?”这个问题,实际上把我们带进了神经心理学的前沿领域。就连一种化合物分子的英语名字 arsole——或许这名字有些寒碜,也让我们知道了科学家如何按正规方法给新的生物分子取名。

第一部分

谈天说地

这是唱片？

想象一下：4 万年后，在绕着太阳系附近的一颗恒星转动的行星上，一群外星人聚集在一架留声机周围，就是 20 世纪 70 年代常见的那种设备，大家有印象吧。他们抬起拾音臂，将唱针轻轻地放在一张每分钟 $33\frac{1}{3}$ 转的唱片上，而后他们会听到——如果他们有耳朵来听——用 6000 年前美索不达米亚[①]地区的阿卡得人的语言发出的问候。

再往下想象，听起来就有些像胡话了。但这想象并非没有根据。1977 年，美国宇航局(NASA)向太空发射了两艘宇宙飞船“旅行者 1 号”和“旅行者 2 号”，它们的任务主要是收集木星、土星及其卫星的数据，包括照片；然后穿过太阳系及最近的恒星之间的广袤空间，向太空深处进发。

两艘飞船均和一辆小汽车一般大小，携带着当时的“留声机唱片”，希望在遥远未来的某一天，地外文明会发现其中的一艘飞船，取下形状有趣的唱片并“播放”它。如果他们这样做了，他们会发现上面有一段一小时的录音，内容包括用地球上众多语言发出的问候，地球上的各种声音(比如公共汽车声、卡车声，还有马叫声)。另外，唱片里还灌进了 115 张照片，包括一女子吃蛋筒冰激凌和一男子吃比萨饼的照片。

但在 1977 年，最先进的录音播放技术是慢转唱片。一直到 1980 年，索尼公司才申请登记了首个 CD 的专利。这样算，4 万年之后外星人会怎么做？要知道 4 万年后是其他恒星周围的行星上的居民可能破解“旅行者号”意图的最短时间。外星人面对一张由边缘螺旋转向中心的慢转唱片时，他们如何知道它细微变化的螺旋线竟隐藏着我们这个遥远星球的信息，以及

---

① 位于西南亚地区。——译者

1977年地球人关注的事情呢？

为了给外星人一个可能成功的机会，美国宇航局在唱片盒的表面和侧面各印了一张留声机唱针的图片。鉴于外星人不可能理解文字操作说明，美国宇航局的科学家们尝试用示意图向他们传达信息，介绍唱针的工作原理，唱片需要转动，旋转周期是多少以及如何把唱针检测到的波形曲线转换成声音或图像。为了让外星人准确地知道飞船来自何方，美国宇航局还在唱片表面上刻上一张地图，显示太阳系和14个脉冲星的相对位置，因为脉冲星的转动周期非常精确，外星人有可能知道这些星体。

这整个计划是希望高于期望。很难想象生活在遥远未来的人类如何解读这样一张唱片。科技在加速发展，公元42 000年的世界和1977年的世界一定大不一样，差别大得不可想象。4万年后的人们可能会明白美国宇航局的唱针说明的，也可能他们会认为这是一张火车沿环形轨道转圈的图画，还有可能他们只不过捡来这唱片，互相扔着玩，就像玩飞碟(20世纪中期的一种休闲玩具，现在几乎没人玩了)一样。不过，那时至少人类应该还有眼睛，还有解释图像的能力。可是宇宙其他地方的智能生物长着什么感觉器官，能够解读这张唱片吗？他们需要什么样的工程制造技术制造出唱针、转盘、速度控制器和扬声器？即便他们把唱片放他们星球的留声机上，他们有没有耳朵听，有没有眼睛看呢？这些问题恐怕没人回答得了。

现在要是谁说再向太空发送一套“如何”制造留声机的说明，一定会遭人嘲笑，因为将声音和图像保存在硬盘里已经成了规范，而硬盘的容量每一两年就提高10倍；当年“旅行者”的唱片才存了一个小时的声音，而按那个量，一个iPod就可以存储80天的声音文件。这种新技术就是最近一项被称作KEO的太空计划的核心，该人造卫星计划于2010年或2011年发射，它将携带地球上所有自愿参与的居民所发出的信息[①]；这些信息经编码处

① KEO计划又名“未来考古鸟”，它也是一颗卫星的名字，将于2012年由阿丽亚娜火箭发射，送入太空，5万年后重返地球，将我们的信息带给未来的人类。——译者

理，刻在抗辐射的玻璃 DVD 上。不用说，这艘飞船还带了一份给未来接收者的说明，介绍如何制造 DVD 播放器。当然，要不了几年，这种用于记录和识别数据的技术也会像当年“旅行者号”飞船上的唱片一样成为老掉牙的东西。不过，“旅行者号”上的唱片容量只有 1 个小时，而 KEO 卫星的 DVD 碟片的容量和压缩程度要高得多，足够让今天地球的每个居民都能发送一篇长达 4 页的信息。

并不是所有人都认为与其他生命形式联系是个好主意。在“旅行者号”研制发射的那段时间，英国首席无线电天文学家赖尔爵士(Sir Martin Ryle)就向美国宇航局提出抗议，说，假如真有外星人，他们又怀有恶意，或者没有食物、正在挨饿，你把我们人类的情况和精确位置告诉他们，那不是引狼入室，请他们来入侵地球、灭绝人类嘛。不过，这种担忧没等到 1977 年就烟消云散了。任何配得上氪星物质的地外文明，将通过观看阿滕伯勒(David Attenborough)的节目以及地球上的其他广播电视节目，详细了解地球生命。他们到底怎么看地球，认为这是个要躲开的地方，还是个值得一去的地方，至少还有待论证。

6

爆炸样

1991年,英国艺术家帕克(Cornelia Parker)创作了一件名为"冷暗物料:爆炸样"的作品。她把从自己和朋友的工具房里收集来的物品堆满一间花园工具房,然后请来英国军队,把它炸掉;她把碎片收集起来,创作了这件作品,表现爆炸后工具房和里面的物品四散纷飞的瞬间。

科学家爱好"思想实验";当一个实验实际很难操作,甚至根本做不了时,思想实验则可能得到新观点。如果拿帕克的花园工具房作一次思想实验,那应该就是先想象物品四散纷飞的样子,而后颠倒它们运动的方向,令碎片纷纷聚回到原来的位置,重现工具房和里面工具堆放的样子。宇宙学家就是照这个思路,用宇宙做想象实验,得到了惊人的实验结果。

宇宙在不断扩张,恒星和星系在相互飞离,就像帕克工具房的爆炸碎片向外四散。科学家想象着宇宙星辰顺原路返回的情形,终于看见了宇宙的发展轨迹。他们运用对质量和速度的了解,以及大量的物理知识,将宇宙历史追溯到120亿—150亿年前的一个时空点;据说那就是宇宙的起点,也就是人所尽知的宇宙大爆炸。这期间的大部分时间,宇宙如果向后倒退,它一定就像帕克的工具房一样;诸位即使不是科学家,也能想象出,恒星和星系(还真的包括一种叫冷暗物质的材料)都迅速向一个中心点汇集。可是,当退回到大爆炸之后30万年左右,整个情景大不同了。科学家运用在高温高压下的原子物理学定律,得到了一幅反映宇宙之初的画卷,其奇异之甚,绝不逊于画家达利和马格里特[①]的画。奇异到什么程度呢?这么说吧,帕克的工具房回复到原初状态,然后继续倒退,物品越变越小,继而改变形状,

① 马格里特(1898—1967),比利时画家。重视独具一格的写实主义,即把人们熟悉的物体作特殊的意外的并列,以引起观者不安之感。——译者

里面的木头、金属、布料变成了奶酪、氖、钻石和科隆香水,最终化作一个原子般大小的点,温度达到太阳中心的温度。

最近有两位科学家发表文章说:"倘若物理学史教给了我们什么,那应该是世界的真实本质是我们人类无法直观想象的。"说起来,这也没什么,可人类偏偏就是这样一种动物:在试图理解复杂的科学解释时,第一本能就是将事物形象化。然而随着科学的理论性越来越强,对直接观测的依赖越来越少,非科学专业人士想要弄清科学家在研究什么,会越加困难。

这种描述宇宙最初面貌的理论持之有据。它很好地解释了曾令天文学家和宇宙学家迷惑的观测结果,进而引入了根据连续的理论预测,利用卫星完成的新实验。过去,坚信地球是圆的人,一般是用大家熟知的观测现象来支撑这一观点:船离开陆地驶向大海,当航行到某一点时,船原本是能看得到的,可是过了这一点,它就突然消失了,好像沉没了似的。由"地圆说"还可以预知,船自东向西航行,最终会回到起点。这些预测和观察印证了现今无人不信的地圆理论。同样,科学家将观察和预测结合起来,印证他们关于宇宙起源的认识。

下面就是科学家们眼里的宇宙由来:

在诞生第一秒——算是我们人类能真切想象到的最短的时间吧,宇宙由一个极热的、半径为零的微粒扩张成一个半径为 4 光年 (约 40 万亿千米)的球,温度也降至 100 亿摄氏度。(太阳中心的温度也只有 1500 万摄氏度。)在头一秒内发生了一连串事件,笔者将逐一道来;本意不是让您搞清楚它们的意义何在(我也搞不懂),而是想展示一下科学想象的本质;人类为了把思想同真实世界联系起来,彻底释放了自己的想象力。

- "宇宙的量子波长比宇宙本身规模大。"
- "在普朗克时间,对称性被打破了。重力变成一种特殊的力。我们进入了 GUT 时代;在此我们有经典广义相对论的量子限。"
- "微扰相互作用限制——宇宙热化。"
- "大统一理论与自发对称性破缺。"

- “宇宙进入一种被称为‘假真空’的状态。”
- “电弱时代开始。”①
- “电弱时代结束。电弱力分解为两个迥然不同的部分，弱的核力与电磁力。”

(顺便关注一下最后两个事件。“电弱时代”持续的时间是从宇宙开始起的 1/100 000 000 000 000 000 000 000 000 000 000 秒至 1/100 000 000 000 秒，绝对是历史上最短的“时代”。)

在大爆炸后的两个千万分之一秒，宇宙的规模就和太阳系一样，温度冷却至 10 000 000 000 000 摄氏度。

接下来，笔者还可以把宇宙诞生的第一秒至第一分钟，第一分钟到第一小时之间发生的一系列同样匪夷所思的事件描述出来，甚至一直描述到大爆炸发生后 10 亿年；也是在那时，宇宙才逐渐呈现出我们现在看到的样子。

关于所有这一切的意义倒不在于要诸位理解和记忆宇宙的发展阶段，而是在于数学和物理学需要一种不同于我们日常生活常用的认识和理解。因此我们常想弄明白科学家说的话，但是经常要求他们把话转换成“大白话”；而如果“大白话”可以表述科学真理，想必科学家一定会用的。用“大白话”说，宇宙一开始是一个小得不能再小的点，温度高得不能再高。此话听来令人迷惑，甚至荒谬。笔者见到的一则表述似乎最能传达这其中的意思，它说：最初，整个空间充满能量，大爆炸是从一个无限小的致密致热的点开始，这就是我们能观测到的宇宙的开端，它始于一个能量质点；人类无法知道或推断其余的点发生了什么，虽然有可能整个宇宙里的每个点都是以同样的方式扩张，形成其他人类无法了解的宇宙。

归结起来，只有用数学我们才能真正了解宇宙之初发生的情况，所以要理解这一点，我们还得学习另一门语言——数学。当然我们也可以用翻译，即一位科学家解释给大家听，一般人都乐意这么做。

---

① 参考大爆炸时间表 http://www.hxfx.net/bbs/dispbbs.php?boardid=9&id=30710。——译者

宇宙中的巧合

日全食是天空中一道最美的景致。见过日全食的人都无法忘怀那一刻:黑色的月亮恰好遮住耀眼的太阳,时间大约持续一两分钟,太阳周围的光晕因为太阳极亮的表面被暂时遮住而变得清晰可见。这一景象在地球上每年会发生一两次,但是如果人们坐等在一个地方,一般要等上400年才能看见一回。从希腊到中美洲,世界几大古代文明早就知道日全食现象,还把它作为罕见的、突发的重大事件,画入描绘世界、宇宙的图画里。

这一现象尽可归结为宇宙间的一次巧合。要是月亮小一些,或者离得远一点,恐怕就不会有人知道日全食的壮美了。(如果太阳再大一些,或者离得近一些,我们也不大可能还在这儿谈天说地,是不是?)月亮和太阳精确地重叠在一起,发生这个现象只因为有了400这个数:太阳的直径约为月亮直径的400倍,但是到地球的距离也约为月亮的400倍,就是说它们两个看上去直径是一样的。为什么会这样?物理学或天文学上找不出原因。月亮有可能是地球与另一星体发生惊天大碰撞之后产生的,与太阳的大小和地球距离太阳的远近没有关系。那次碰撞后,有两个因素决定了月球的大小,一是地心引力,二是对着地球那片区域内的碰撞碎片的运动。

有位天文学家叫冈萨雷斯(Guillermo Gonzalez),笃信"人择原理"(Anthropic Principle)(参见第25页)。他以敢为人先的气度说:地球上的智慧生命和全食现象是有联系的;他指出,千万年间,月球离地球渐行渐远,而后到达了能造成日全食的位置,同时也给智慧生命的产生提供了条件。但接着冈萨雷斯又做出了一个更让人惊愕的推论:在其他拥有行星的太阳系里,行星只有经过日全食才能孕育出智慧生命。

顺便一提,日月大小的巧合不会永久不变。从现在起,再过2亿年,生活在地球上的人类将再也看不到日全食的奇景,因为那时月亮离地球太远了。到时候,人类最多可以看到日环食,太阳形成一个耀眼的光环包围着一个黑色核心。然而火星人能看到最佳的日环食。因为他们的一颗卫星火卫一(Phobos),从火星上看去,大小相当于太阳的 3/4。

最后讲一个关于目测尺寸的有趣方法。你伸直手臂,竖起拇指挡住太阳光,你猜猜太阳会有多大面积被拇指遮住?很多人随意猜的结果是:太阳的直径和拇指的宽度差不多。其实,太阳的直径还不及拇指指甲宽度的 1/4 呢。你实际比划一下就知道了(就算你的拇指很小,那也不必担心测得的结果会与手大的朋友不一样,因为手小,胳膊也会短一些)。

一探大爆炸

随着数字转换开关的登场,模拟电视迅速消失。在模拟电视为主流的时代,老式电视机没有遥控器,甚至没有频道按钮,只有一个旋钮,你可以旋转它,调换不同的 UHF 频率,找到想看的频道。如果在找到频道之前停止旋转,你会看到电视机会满屏“雪花”——尽是随机闪现的白点。你可知道,其中一些“雪花”就有宇宙大爆炸的征兆(参见第 6 页);它的重要意义直到 20 世纪 60 年代才为人类所认识。而即使在那时,这个 20 世纪人类最重要的科学发现也险些让一堆鸟粪给断送了。

话说当年, 美国贝尔实验室的两位物理学家科学家彭齐亚斯(Arno Penzias)和威尔森(Robert Wilson),想给一架失灵的通信天线另找个用途。他们注意到,不管把天线对着哪个方向总有干扰,煞是恼人。他们原打算用这架天线探测来自其他星球的无线电波,现在看来,必须先将所有的干扰源剔除干净,才可能测量来自其他天体的信号,因为那信号太弱了。

他俩爬上放置天线的屋顶,找到了问题所在——天线上粘了好多鸽子粪,鸽子把电线当家了。鸽子粪还是热的;说明造成干扰的辐射与温度有关。他们以为找到了干扰源。

两位科学家彻底清理了天线,又在上面撒了药,而后回到实验室继续测量。没错,鸟粪有一定的干扰作用,现在干扰降低了,但仍然存在。

在他俩百般纠结于这个技术难题之时, 另一位物理学家迪克(Robert Dicke)一直在琢磨一种新的关于宇宙起源的理论——宇宙爆炸论。该理论的一个推论是,宇宙是在一次强烈的爆炸中诞生的,这一爆产生了极强的热辐射,在其后的亿万年间,宇宙一直在全方向地扩张,温度逐渐冷却。如果该理论正确,那么现在的宇宙便是历经 150 亿年后的宇宙,它的热辐射应该低得多,恰好就应了彭齐亚斯和威尔森发现的干扰频率——当然是清理完鸟粪之后的干扰。

迪克听说了他俩的难题,于是三位科学家开始联手研究。显然,贝尔实验室的天线为大爆炸理论找到了第一条确凿证据。1978 年,彭齐亚斯和威尔森(没有迪克)共同获得诺贝尔物理学奖。尽管威尔森支持过与大爆炸理论唱对台戏的宇宙起源说——稳态理论,他不得不承认:迪克的推论加上他与彭齐亚斯的数据,都证明大爆炸理论是对的。

这个故事中还另有一段插曲。1964 年,也就是彭齐亚斯和威尔森发现干扰源的前一年,苏联的一本期刊刊载了一篇论文,称如果大爆炸理论正确,那么大爆炸一定会产生微波辐射;而探测这种微波辐射的最好设备就是贝尔实验室的天线,因为它的大小和形状正合适。遗憾的是,正如彭齐亚斯在其诺贝尔奖获奖感言里说的:“这个预见似乎未能引起本领域其他同行的重视。”此话应该也包括他本人吧。

亨丽爱塔的里程碑

在一个没有月亮的晴朗晚上，天空中最显眼的是一条散漫的光带，从地平线的一端延伸到另一端。除了这条光带，我们裸眼看到的是满天繁星，闪着不同亮度的光芒，还有一片片面积不大混混沌沌的区域，用一架望远镜看，方知那是大团的星系。这条光带就是我们常说的银河，它就是我们的"星系"——一个由恒星构成的漩涡，状如一个大圆盘，我们可以看到它在慢慢地移动，因为我们的太阳就嵌在里面。100年前，天文学家们都还认为我们的星系构成了整个宇宙，我们看到的那些恒星和混沌区域是这个星系的一部分。但这幅流行多年的宇宙图画被一名女子的发现彻底颠覆了；不仅如此，在她的描绘下宇宙是广袤无边且不断扩展的，我们的银河系只是这个巨大而复杂的体系内一个微不足道的小星系，这个体系包含了无数个"银河"，现有的技术还无法探知它们的存在。这名女子就是亨丽爱塔·勒维特(Henrietta Leavitt)。

勒维特发现的精髓是一种测量恒星和星系距离的方法，大致类似为每个遥远的天文学对象找一个标签，标签上写着"我距离地球5600万光年"，如此等等。

假如所有恒星，包含我们的太阳在内，亮度都是一样的，那么我们测量它们在宇宙中的距离很容易。星星看起来越暗淡，离我们就越远。我们可以用倍数大的天文望远镜，测量肉眼看不见的暗淡恒星的亮度，再运用数学知识计算出它与地球的距离。物理学有一条定律叫平方反比定律；该定律说：两颗亮度相同的恒星，如果其中一颗离我们的距离是另一颗的两倍，那么它的亮度就相当于另一颗亮度的1/4；如果距离远3倍，其亮度看起来只有另一颗亮度的1/9，以此类推，$\frac{1}{2^2}=\frac{1}{4}$；$\frac{1}{3^2}=\frac{1}{9}$。所以，要得到恒星间的相对距离，就要从已知距离的恒星(可以是太阳)入手，比较其他所有我们能看到的恒星的亮度。

但是，恒星的亮度是不同的。它们年代不同、演化阶段不同，因而温度也不相同。近代天文学家尝试给恒星排序，从 A 到 S，由最热到最冷，但随后的发现打乱了这个排序，现在的排序变成了：O，B，A，F，G，K，M，R，N，S。笔者将这个顺序列在此处，是想告诉读者天文学家是怎么记住恒星温度分类的；就一句话："喔，当个乖乖女，现在就吻我，宝贝。"[1](20 世纪 70 年代，有一些天文学家用下面这句话帮助记忆："下午真糟糕，葡萄发了酵，逗得理查德·尼克松夫人一直笑。")

恒星的亮度不一样，所以在测定距离前，需要想办法来甄别每个恒星实际亮度。打个比方，我们用其他方法获知一颗叫"阿尔法"的恒星距离地球 4 光年；再假设我们知道另一颗恒星"贝塔"的亮度只有"阿尔法"的一半；换句话说，假如两颗恒星离地球一样远，"贝塔"的亮度看起来只有"阿尔法"的一半。设"贝塔"实际看起来只有"阿尔法"亮度的 1/16。根据平方反比定律，如果贝塔和"阿尔法"亮度相等，则它与地球的距离是"阿尔法"的 4 倍。但因"贝塔"的亮度只及"阿尔法"的一半，所以它实际上更近一些，与地球的距离是"阿尔法"的两倍。笔者的意思是，如果知道一颗恒星的实际亮度，则我们可以求出它与地球的距离。

1904年，勒维特在哈佛大学天文台测光部工作，每小时收入 30 美分，她的职责就是翻看数百张银版相片，测量恒星的亮度。这项工作需要一双好眼睛，精准的记忆力，还有甘于枯燥的极强的耐性。

大多数恒星都有固定的亮度值——就是从地球看去的亮度，但是还有许多恒星的亮度是可变的，这类星称为变星。勒维特的视觉记忆非常好，她只要看一下某晚拍摄的底片，马上就能发现同一颗恒星的亮度和一周前拍

① 原文"Oh, be a fine girl, kiss me right now, sweetie"，每个单词首字母 O，B，A，F，G，K，M，R，N，S 为温标排序。下文"On Bad Afternoons, Fermented Grapes Keep Mrs. Richard Nixon Smiling"，为 O，B，A，F，G，K，M，R，N，S。——译者

摄的情况是不是一样。靠这个本领，她发现了2000多颗变星，占到当时已知变星总数的一半。这是一个骄人的成就，不过，她最顶尖的发现与其中一类变星有关，这就是著名的造父变星。这类变星与仙王座的一颗恒星具有相似的可变性。

她还注意到，造父恒星的变化极有规律——其绝对亮度越大，光变周期越长。故而，一颗相当于太阳亮度的800倍的造父变星，从最亮变化到稍暗，再回到最亮所经历的时间周期是三天（称为“光变周期”）；而一颗亮度相当于太阳亮度1万倍的造父变星的光变周期为30天。这就意味着，天文学家只要测量造父变星的光变周期，就可以测量它的绝对亮度，而一旦知道变星的绝对亮度，利用上述的方法就可以计算出它和地球的距离。

勒维特的发现大大地扩展了我们对宇宙规模的估计。天文学家用高倍天文望远镜观察，在星系间发现了一些具有此变化规律的恒星；它们起初被认为是属于银河系的。经过测量光变周期，计算恒星的绝对亮度，他们发现这些恒星不可能在我们的银河系中，因为如果在银河系，它们应该更亮。它们看上去非常暗淡，但绝对亮度又很高，这只能说明一个问题：它们比银河系的星星遥远得多。

银河系的宽度有10万光年——就是说光从银河系的一头跑到另一头，需要10万年（参见第31页）。现已发现，第一个星系——其距离从它的造父变星起计算，距离地球250万光年，一下子将已知的宇宙扩大了25倍。

勒维特虽为天文学作出了如此重要的贡献，却没有得到应得的荣誉。她在哈佛大学工作时，天文学还是一项男性专业。她不是职业天文学家（或许还因为她是个女的），所以她虽然热爱天文，却从未被允许使用专业天文望远镜。另一位女天文学家加波西金（Cecilia Payne-Gaposchkin）认为，不让勒维特使用望远镜是个“残酷无情的决定，一个才华横溢的科学家被迫去做不相称的工作，变星研究可能因此耽误了几十年”。

勒维特去世后，她的贡献越来越受到广泛赞誉。后来，人们以她的姓氏“勒维特”命名了月亮背面一座65千米宽的环形山。

16

天旋地转

有时候科学书看得太多会让人头晕。物理学前沿，特别是天文学和宇宙学前沿，主要涉及科学家据实提出的研究对象，而如果你专门去思考这些研究对象，想得时间太长，它们会让你疑心自己是否太容易轻信上当了。

笔者不说天文学研究的那些真正奇异的事物——黑洞、虫洞、多重宇宙、膨胀之类；就算是天空中比较“普通的”东西，描述它们的词语不需要专业知识就能理解，有时候也会让你觉得难以置信。

就拿蟹状星云来说吧，模模糊糊的一片，拿台小望远镜就能看到。那是公元 1054 年观测到的一颗恒星爆炸后的残骸。现在（更确切地说是 6000 年前，因为光从蟹状星云传到地球需要 6000 年），我们可以观测到，这颗星的很多物质正以每秒 1500 千米的速度飞离爆炸中心，星云的直径现在已达 11 光年(100 万亿千米)。不过这还不至于令人难以置信。对于规模和距离，笔者都还能把握得了。关键是蟹状星云的核心是什么情况。

恒星爆炸的残骸，我们称之为中子星，它在星云的中心，直径 12 英里[1]（大约 20 千米），也就是伦敦市中心到市郊的直径距离，或者说从曼哈顿的边缘到布朗克斯的距离。

这颗星星，这个圆球，质量是太阳的两倍，而太阳的质量是地球的 33 万倍，所以，不妨想想看，一个大小和伦敦或曼哈顿差不多的球体，其质量竟然是地球的 60 多万倍！

厉害啊！您先别忙着感叹！这么大质量的球体还旋转，转速极快。蟹状星云中心的中子星每秒自转 30 周；就是说你站在里士满公园里，中子星表面在你面前转过往伦敦方向移动，速度约为每小时 400 万英里。（你可以把

[1] 1 英里相当于 1609.344 米。——译者

这看成一个费米问题(参见第262页)并自己找出答案。这个速度虽说和每小时6.7亿英里的光速相比还有很大差距,但是对质量达60多万个地球的星体而言,还是快得令人咋舌。

还有一点超乎想象:你要是站在靠近中子星表面的任何一个地方,即便你能承受它散发出的热量和X射线,也会被强大的重力吸进它的核心;你身体的每个分子都将被分解成原子。果真如此,你也感觉不到什么,因为还没等痛苦信号沿神经纤维传送1毫米,上述一切都已发生过了。

18

我们是星尘

美国歌手米切尔(Joni Mitchell)写过一首歌叫《伍德斯托克》,里面有一句歌词“我们是星尘”。要不是她也是顺带着唱唱“十亿年的碳元素”,显示一下她对她歌唱的东西很内行,否则大家会觉得这句抒情歌词只不过是个很有诗意的比喻罢了,和“我们要修一条通往天堂的阶梯”或者“抓住流星”这样的话差不多。

化学元素构成了我们的身体,血液里的铁,骨骼中的钙;而所有元素都是在恒星不安分的内部生成的;只有一样元素是例外,它就是氢。它是宇宙中储量最丰富的元素,是构成一切恒星的原初物质;现在它仍在给离我们最近的恒星太阳提供燃料。氢是个简单元素，它的原子核内只有一个粒子——质子,还有一个围绕原子核作“轨道运行”的电子。但是现在大家觉得这个模型过于简单化了。氢原子是其他含有更多核粒子和更多电子的化学元素的构件。

在一些恒星的生命周期内会发生一系列事件,氢原子在压力的作用下结合生成更重的元素,如氦。氦在高温高压下形成碳和氧。至此,最初只有一个质子、一个电子的氢原子已经互相结合,形成了更大的原子,有些有 6 个质子和 6 个电子(如碳原子),有些有 8 个质子和 8 个电子(如氧原子)。随着恒星的密度越来越大，这些原子会在重力的挤压下生成更重的原子,而这个过程直到铁原子生成之后才告结束。生成了含有 26 个质子和 26 个电子的铁原子后,挤压生成更重原子的过程就结束了。恒星核心在获得了更多的铁后,变得越来越重,最后在自身重力作用下,恒星坍塌了。

从气态的氢变成固态的铁核,这个过程大约需 1000 万年。但是,当恒星坍塌时,这一切巨变会在不到 1 秒内完成。随后,冲击波从恒星的中心冲出,突破包含各种元素的外层物质,这些元素是氢元素向铁元素的转变过程中的中间物,铁、硅、氧、碳,样样都有。这种爆炸在随后几天产生大量的光和其他能量,这就是我们能观测到的超新星(参见第178页)。从地球上看,一个恒星突然间亮度增加了很多倍,而后又回到暗淡的状态,这颗星就是超新星。

那些在恒星内部挤压形成的重元素,现在扩散到太空中,最终形成像太阳一样的其他恒星。这种恒星由一团物质云构成,物质云被重力吸向中心点;云团里的一些元素凝聚成了行星,包括地球。从恒星外层喷出的所有重元素会落在它们要在的地方,或在地球表面,或在大气中。至此,离“星尘”融入我们的身体只差一步了。融入比例如下:氧65%、碳18%、氮3%、钙元素1.5%、磷元素1.0%、钾0.35%、硫0.25%、钠0.15%、镁0.05%,铜、锌、硒、钼、氟、氯、碘、锰、钴、铁共0.70%。

我们体内的氢元素占总质量的10%。其实,它不大可能是一颗遥远恒星爆炸后送来的物质,因为恒星之间可用之气体很多很多。所以嘛,把米切尔的歌词改成“我们90%是星尘”可能更合适。

20

梳理宇宙

多普勒效应(参见第159页)是研究天文学的必备工具。我们理解宇宙不断膨胀就是从多普勒效应开始的;从某些恒星和星系发出的光看起来比较红,因为星体向远离观测点方向移动时,它的光谱线会发生所谓“红移”现象。光谱线的红移与声源离开听者时声波的音高会降低相似。

直到近期,人们能够测量的宇宙扩张速度是大约每秒3万千米。当某个星系按此速度远离我们地球时,它发出的光色变化的幅度也容易测出来。

光色变化的测量方法如下:

大家对白光光谱的彩虹颜色很熟悉。你让一束光穿过棱镜,照在一张白纸上,会看见散开的颜色——这就是光谱,从红色到黄色,到绿色,再到蓝色。所有这些颜色混合在一起便形成一道白光,三棱镜能将它们一一分开。如果这个白光源快速移动,反向离开棱镜,光谱就会发生偏移。位于光谱一端的紫光变成了蓝光,蓝光变成绿光,绿光变成了黄光。每种颜色的光向光谱上的红光位置发生“偏移”。同理,以太阳发出的白光为例,有一种频率的光或者说某一种“颜色”的光平常是在紫色光之外(即紫外线),肉眼看不见,发生偏移后,它变成了紫色光,但用肉眼看看不出任何差别。于是,物理学家想了个办法来探测这种偏移,他们使用一种叫做发射线的技术。

任何一种化学元素,如果放进一颗恒星或星系里加热,或者放在本生灯(一种煤气灯)上加热,都会发出独特的光线。这些光线处在光谱的某个确定的位置。通过光谱中谱线之间的距离和每条线的亮度,能够很容易地识别出光线的类型。所以,天文学家看到某种元素的光谱(比如氦元素的光谱,常位于可见光谱黄色部分)向光谱的红色端偏移时,便知道该元素源正远离我们,再测量它向红色偏移的距离,进而计算出它的运动速度。

用“红移”来测算快速移动的天体效果不错，但是用它测量移动或变化较慢的物体就不灵了。天文学不同领域中的细微的速度变化都至关重要，其中一个涉及行星环绕远距离恒星运行的可能性。这些行星用天文望远镜是看不到的，但是可以借助它们对其所环绕的恒星的运动的影响探测出来。

行星并不绕着某个静止的恒星旋转，但行星和恒星常绕着两个星体中心之间的某个点转动，这个点离质量较大的那个星体比较近；就像军乐队的指挥棒两端的两个不同大小的绒球，都围着离一端较近的一点打转。这就是说，在行星运行画出一个大圆圈的同时，恒星本身也在以一种方式移动，这种方式使它在它趋近或远离观测者时，分别呈现“蓝移”和“红移”。

不过，这类恒星或行星系统的运动速度，与星系退离而呈现的巨大“红移”相比，显得微不足道，只有极大的行星才能用这种方法探测出来，大到什么程度呢，质量须是地球的 300 倍。很难想象在这样的条件下会产生生命，因为重力效应太强了。

当天文学家使用标准分光镜在谱线中探寻偏移时，由于位置的变化太小，分光镜精度不够而探测不出运动。不过最近，德国马普学会的一群科学家发明了一种方法，将非常细的刻度线，就像金属尺上的刻度，叠加在远距离天体的光谱上。这样，他们能够测出最细微的移动，移动速度小到每秒 10 米(每小时 36 千米或每小时 22 英里)。

这种新设备叫做激光频率梳，它使用由原子钟控制的激光器发出激光，原子钟测量时间的精度为 1/1 000 000 000 秒，能够产生非常精确的人工光谱；这个光谱就像是一把尺子上的刻度，可以极为精确地确定遥远物体发出的光谱线。

随着新型观测设备得以发明，天文学的历史向前迈进一大步。至今，激光频率梳尚未被完全用来解决天文学里有待解答的问题，因为它处于研究开发阶段。不过，一旦投入使用，寻找和地球个头差不多的绕日行星，必将使人类探寻太阳系外有生命行星的活动向前迈进一大步。

22

在太空搜寻黑天鹅

科学证明事物的能力经常被夸大。眼见得日子一天一天过去,太阳每天都升起,地球自转的假说一直未被证实,只是被人们确认了。而其他的解释——比如太阳围绕地球转——也可以用上面的观察结果加以确认。不过,有一件事更能让科学观察发挥效力,那就是证明假说不成立。

我们每次看见一只白天鹅,都只能没把握地确认"天鹅都是白色的"这个假说,但是,只要看到一只黑天鹅(或红天鹅、蓝天鹅),就能证明这个假说不成立。

很多年前,两位宇宙学家里斯(Martin Rees)和赫特(Piet Hut)联名发表了一篇论文,提到一个证伪的例子,堪称绝妙。他俩提出这样一种可能:宇宙的年龄已有130亿岁(参见第6页),一直在不断冷却,冷却过程使宇宙处在一种极不稳定的状态。这种状态就是所谓的"极小亚稳态",因为它看起来稳定,其实不稳定,很可能变得极不稳定。

要想理解这个状态,你可以想象两座山,中间夹着一条峡谷;有一块巨型圆石卧在峡谷底部;你可以把它推上两侧的山坡,但不论你用多大的力量,推多久,圆石最终会滚回到最低处,也就是谷底。但是,如果其中一座山的半山腰上有一块突出的岩石,岩石表面微微向上侧向山体;你可能想象到,圆石会停在岩石上,因为岩石看上去也很稳固。如果你把圆石推向岩石的边缘而后停住,圆石会滚回到原来的位置。但是如果你用劲推它,推上了岩石的边缘,圆石就会直落到谷底。圆石就是亚稳态,是不稳定的。

在里斯和赫特看来,人们没有办法知道宇宙在经过几十亿年冷却后,是否已经达到了稳定态或者亚稳定状态。难道这很重要吗?

如果宇宙不是真的稳定,更像是岩石架上的那块圆石,那么宇宙中某一点如果聚集起足够的能量,很有可能将它“推下”石架。这种情况一旦发生,就会激起一股湮灭波,它以光速扩散,可以摧毁整个宇宙。但是怎样才会发生这种能量聚集?物理学家为了研究原子的结构,使用粒子对撞机让原子高速相撞。一台粒子对撞机占地好几平方千米。对撞可以产生新型粒子(参见第176页);为得到这种结果,碰撞必须在空间某个点上集中起超高能量。

里斯与赫特根据当时的计算得知,没有哪一台粒子对撞机能够使能量聚集到危险的程度。但是这种装置的能量越高,他们收集的信息就越多,特别是宇宙最初时刻的情况。他们认为,总有一天科学家能建造出高能对撞机,危及宇宙的安全。

继而他们这样想:如果我们能说明曾几何时在宇宙的某个地方存在过这样超高聚集的能量,那么,既然宇宙仍然存在,显然未曾经历过毁灭性冲击波,因而宇宙并不处于亚稳定状态。实际上,他们想找到一只黑天鹅,也就是找到过去某时在宇宙的某个地方曾经发生过的、但并未产生恶性影响的能量聚集;一旦找到,他们便可以断然证明宇宙处在一个极小亚稳态的理论是错误的。

他们的计算结果显示,能量聚集超过1万亿电子伏特时,就会引发湮灭效果。他们观测宇宙,想看一看是否存在这样高的能量聚集。宇宙中没有一种“正常的”能量源能够达到这种聚集水平——黑洞、中子星、白矮星、脉冲星都具有极高的能量,但都未达到如此凝集的程度。尔后,他们想到了宇宙射线——高能带电粒子能以高速穿越太空,有时会撞到恒星或行星。但这种碰撞的能量也不足以引起湮灭。

最后,他们开始观察一种极不寻常的情况——要是两个具有极大质量、接近光速运动的**宇宙射线粒子**发生碰撞又会怎么样呢?他们发现,在这种情况下,不管期望与否,都会发生能量聚集,而如果宇宙处于亚稳定状态,那它注定是要被毁灭的。解决这个问题最后的关键一步就是弄清楚在宇宙的寿限内,发生此等稀罕事的概率有多大。虽然当宇宙射线穿过地球大气层时经常和慢速移动的粒子发生碰撞,某一宇宙射线与另一宇宙射线碰撞的可能性却非常小。但是,在宇宙生成的过程中,发生过很多次这样的碰撞,里斯和赫特研究后认为:自宇宙形成之时起,在过去约130亿—150亿年间,两种高能宇宙射线在宇宙的某个地方相碰撞的次数可能有10万次之多,平均每13万年发生一次。这个结论是可靠且有说服力的。宇宙实际上是稳定的,所以,任何形式的能量聚集,不论是粒子对撞机或其他什么东西,不论是现在还是将来,都不会引发瞬间湮灭。

难道是智慧生命创造了宇宙?

这个问题问得好像有点奇怪，但是它让科学家们费神费力想了很久，他们思考的一个结果就是：宇宙可能只是在有了有意识的观测者之后才存在；在此之前，有人认为，宇宙只是一种数学抽象。

争论的焦点就是“人择原理”(Anthropic Principle)。100 多年前，华莱士(Alfred Russel Wallace)就想到了“人择原理”，他写道：“我们知道，宇宙就在我们身边，它如此庞大、复杂，可能是绝对必要的……为的是能够创造出一个世界，每个细节都应被调配得恰到好处，使得生命的形成井然有序，最终生成人类。”

就在最近，一群科学家突发奇想，认为导致生命起源并最终产生人类的那一系列事件是不可能发生的；人类是唯一有能力思考其自身起源的生命体。他们实际是认为：宇宙的某些物理特性，都具有智慧生命能生存于宇宙之中所应具备的数量值——宇宙的年龄、宇宙膨胀率、电子和中子的数量，甚至看似必然的时空维数——空间是三维，时间是一维。不过，这种不可能性是靠不住的。有时候，给人的感觉有点像以下这番话：正好在今天 11 点 03 分，电话铃响了，一个名字缩写为 A.N.的玻璃推销员要向我推销价值 3500 英镑的双层玻璃，这怎么可能呢？在事先不知道的情况下你这样问，这件事基本不可能发生。但是事后再问，就没什么价值了——答案很简单，事件已经发生，因此是必然的。

显然，我们是在已知自己存在的情况下，问关于人类和宇宙的问题(笛卡儿不是说过“我思故我在”吗？)，所以就人类如何走到今天这一步的过程的可能性或不可能性去发问，似乎没有多大意义。如果上边的数值有一点点不一样，宇宙就不是今天的面貌，不存在人类，因此也就没有人为这个问题费神了。有人提出一个假说,可以绕过在这个唯一宇宙里发生了一串特殊事件的推想;这个假说就是存在多个平行的宇宙,每个宇宙各有一套不同的法则、维数和常数。没有智慧生命的宇宙——占大多数——当然就没有居民对自身的存在发出疑问;少数一两个宇宙有智慧生命,就像我们这样的。但是,即便我们的宇宙是唯一的宇宙,我们存在这一事实也根本不需要什么解释,就像我们的腿刚好长到让脚站在地上,我们的骨骼就包裹在皮肤下面,没有刺穿皮肤。

但是,在人择理论家看来——不知笔者能否这么称呼他们,多重宇宙说不受欢迎。别的不说,多重宇宙抹去了他们欣赏的智慧生命有意而为的假说的存在必要。他们希望找一个理由,来说明我们所知道的这个唯一宇宙为何偏偏在地球上创造出智慧生命。(他们当中有些人还认为,宇宙间只有地球有生命,别处没有。)他们感觉宇宙之所以是现在的这个样子,背后一定有其目的。虽然他们未必会提到神,但是凭他们对人择原理的各种各样的阐释和表述,离提到神仙、上帝也不远了。有一种学说叫弱人择原理(Weak Anthropic Principle,WAP),认为宇宙的各种物理特性必须是现在这样,碳基生命形式(我们所知道的唯一的生命形式)才能生存,宇宙才可维持足够长的时间,让生命发生。

还有一种强人择原理(Strong Anthropic Principle,SAP),它认为宇宙的目的就是产生智慧生命。这个观点已经跟美国创造论者力推的智慧生命设计说沾上边了。

本篇的题目源于另一派人择原理的观点,就是所谓的“参与人择原理”(Participatory Anthropic Principle,PAP),由物理学家惠勒(John Wheeler)提出。惠勒认为:如果没有有意识的观测者,就不存在宇宙;宇宙只有被观测时才是存在的。

最后是“终极人择原理”(Final Anthropic Principle,FAP)。它是从“参与人择原理”脱胎出的一个版本,它认为:生命已经开始,宇宙便不可能毁灭它,否则宇宙会将失去所有观测者而消失。

美国作家加德纳(Martin Gardner)眼看着众人一本正经地大谈“终极人择原理”,而实际又无法证明其对错,便想来点提纲挈领:建议把它改个名,叫“绝对可笑人择原理”(the Completely Ridiculous Anthropic Principle, CRAP)。

28

为什么夜晚天空是黑的?

这个简单问题科学家过去也问过,但是答案却让人意想不到,而且道理很深奥。一般人生来就是生活在这样一种自然环境里(除非我们生活在北极圈的北部):夜空是黑暗的。对这样的问题,多数人会反问一句:难道夜空不应该是黑的吗?没有太阳作光源,日落之后,我们抬头看到黑暗空旷的夜空,上面只有点点星光,有时月亮会出来溜一圈。这没什么值得惊异的。(其实,从月球的某个位置看,即使天空中有太阳,月球的天空也是黑色的。不过这个问题我们暂留待以后讨论。)

第一次问到这个问题的时候,人们还认为宇宙是广阔无垠的,有无数恒星。如果真是如此,那么不管你朝着夜空的哪个方向望去——你的视线,就是从你的眼睛向太空划出的一条直线,会一直延伸——直到最终触及一颗星星的表面。就像你身在一片长有无数棵树木的森林中。当你环顾四周时,那么不管什么方向,你的目光都会被一棵树遮挡。

如果你向天空的任意方向看去,你的视线最终会碰到一颗恒星,那么你会看到整个夜空都会像恒星表面一样明亮。你可能质疑这个说法,因为不是说"星星离我们越远,发出的光越暗淡吗"?恒星发出的总的光亮确实会随着距离的拉长而减弱,但根本原因是它的表面积越变越小。从地球上看,恒星表面的每一个点都没有变暗,但是尺寸看起来变小就意味着"发光点"也变少了,所以总亮度减弱。然而,在茫茫宇宙中,不管朝哪个方向看,都会看见一个星光点,那夜空岂不该是灿烂耀眼吗?

19世纪时,科学知识已不再是科学家和学究的专利;美国诗人兼小说家坡(Edgar Allan Poe)也对夜空这个不可思议的问题产生了兴趣,他想出了一种解释,并把它写进了一首散文诗:

> 倘若星辰无数，那天空的背景必然呈现均匀的光辉，就像我们眼中的银河——既然在这个背景里的任何一点都有一颗星星。故此，唯一能解释我们透过望远镜，看到无数方向都空空如也的原因，应该是那看不见的背景实在太广阔了，星星发出的光也难穿越，达到我们的眼睛。

这个推断有错吗？准确说来没有。无限大的宇宙里随机散布着无数颗恒星，夜晚的天空本该是绚烂夺目的。那我们就要看一看哪些假设出错了。你或许会说也许有些恒星很遥远，它们发出的光亮被尘埃挡住了。但尘埃不会令星光消失。太空中确实存在星际尘埃，但它们会被星光加热，继而再将星光辐射回去，所以，总亮度应该是不变的。以发现彗星而扬名的美国天文学家哈雷(Halley)就是其中之一，但是人们常把这个功劳记在德国人天文学家威廉·奥伯斯(Wilhelm Olbers)的账上。在他们看来，宇宙既无限广大，又无限古老。任何时间与空间的限定对上帝创造的宇宙而言都太过拘束了。也许为了解释夜空为什么是黑的这个问题，我们不得不把无限大和无限久远这两个预设去掉一个，或者两个全去掉。

大家现都相信，宇宙始于130亿—150亿年前的一次大爆炸(参见第6页)。它由一个点向外膨胀，一开始速度很快，以后逐渐变慢；时至今日，宇宙还在不断膨胀，它的“边缘”离我们大约有130亿—150亿光年远。夜晚的天空之所以黑暗，也许是因为宇宙的边缘之外，再没有星星为夜空增添光亮；就像前文中提到的森林里的树木，一直延伸到离我们15英里远的地方，再往前便没有了，我们可以看见森林边缘外的依稀亮光。

作为对天空黑暗的一种解释，这是个很好的尝试，不过，一位英国数学家指出，即便在我们居住的有限宇宙中，地球以外一直到宇宙的边缘，散布在天空里的星星也多得足够让夜空灿烂耀眼了。所以，我们还需另找解释。

直到20世纪初，人们才接受了宇宙在不断膨胀的理论。这其中蕴含了一种认识：离地球越来越远的恒星看上去不怎么明亮是因为多普勒效应(参见第159页)。这和移动着的声源有音频变化的道理一样，光的色彩也会随着运动速度的变化而变化；离地球渐远的星体发出的光会变红。由于哺乳动物的眼睛经过进化，对构成白光的色谱最敏感，随着星光偏红，有些色彩偏离了光谱，于是星光看起来不怎么亮了。所以，夜晚的天空不如我们期望的那么明亮的一个原因是由于多普勒效应，快速移动的恒星变得非常暗淡，其实它们本该和移动慢、离地球近的恒星一样亮。

即使没有关于大爆炸和宇宙膨胀的新理论添加另一个因素，上面的解释可能也很充分了。大爆炸一定非常亮，因为能量都聚集在一个点上。既然如此，我们不是应该能感觉夜空里的光亮吗？按理说，我们有可能检测到大爆炸发出的明亮“回声”的(参见第6页)。但就星光而言，由于宇宙迅速膨胀所产生的多普勒效应，已经使早期那次闪光的颜色发生偏移，远远超出光谱红色端，所以现在只能检测到微波辐射。

为了解答1823年奥伯斯提出的这个看似简单的问题，科学家们辗转努力了近两个世纪，其间取得了一连串新发现，这恐怕是奥伯斯做梦也想不到的。

一光年有多长?

这个问题问得很好。“光年”听起来好像是测量时间的单位。你到互联网上搜索一下,会搜到以下结果:

菲茨杰拉德激情满怀地向穿着成人礼服的纤柔女孩表白心迹,似乎是几光年前的事了。——《人物》杂志

……多少光年来,这在美国一直被当作理所当然的事儿。——《基督教科学箴言报》

塞维尔感觉就像在几光年前;回想起在西班牙的恐怖遭遇,奥尼尔知道大变革的时候到了……——《每日邮报》

101光年以前——摇滚专辑

……我们看到的星光是很多光年以前发出的,从这个意义说,那光已经过时了。——《泰晤士报》读者来信

说起来,笔者也有点不好意思:以前我负责过一个儿童电视节目,主持人对一群孩子说过:“过几光年咱们再见吧。”

其实光年不是时间单位,而是长度单位,所以,前边提的那个问题的唯一可能的答案是:一光年有365天6小时9分钟9.7676秒——换句话说,与一年的时间等长。

混淆概念的原因是,我们对之感兴趣的宇宙物体距离我们太遥远了,地球上常用的测量单位再乘多少倍,也量不及。在地球上,我们使用的最大测距单位是英里,至少在陆地上是这样。由于离地球最近的恒星——太阳不算——距离我们24 689 700 000 000英里(相当于39 734 220 000 000千

米)，光从地球跑到这颗恒星需要 4.3 年，所以用 4.3 光年表示距离更简便。当然，我们也可以说距离为 25 万亿英里，也不复杂；不过假如需要提及更远的星球，比如银河外的一颗叫做 IOK-Ⅰ 的星，它距离地球 757.15 万亿亿英里，表述起来是不是比距离地球 128.8 亿光年拗口得多？

假设地球上只有微小的测量单位，假如我们是一群流感病毒，测量单位为微米——相当于百万分之一米，那么我们用微米表示从伦敦到纽约的距离，就会很麻烦。(当然，如此讨论距离还可能有其他困难呢——咱们是病毒，没有声道。)如果最大的单位是一微米，那么从伦敦到纽约的距离就是 5 585 000 000 000 微米，可以说成距离为 1/50 光秒。

你要是偶尔把光年误当作时间单位，别在意，犯错的不止你一个。天文学家、天文学爱好者也会犯这种错误。下面几条信息也是从互联网上找的，这些信息都是从回答天文学问题的网站或提供天文学信息的网站摘录的：

> 我们可以看到非常遥远的过去……听起来很离谱吧，要是能和过去的人联系上，我们可以要他们谈谈“70 亿光年前的情况”。
>
> ——博客
>
> 比如说吧，你把哈勃望远镜对准某个方向，观测来自 A 星系的光，那光是在宇宙大爆炸瞬间，也就是 137 亿光年前发出的，如果这道光此刻从 A 星系发出，要过 465 亿光年才能到达地球。
>
> ——天文爱好者网站
>
> 120 亿光年前，我们现在看到的那块物质运动得很快，因为它当时处在大爆炸的边缘，假定大爆炸就在那时发生的话。
>
> ——物理论坛
>
> 最近的邻居仙女座距离地球有 250 万光年。我们现在看到的仙女座，其实不是现在的仙女座，而是 250 万光年前的仙女座。
>
> ——科学之光网
>
> 光是在 4.3 光年前离开半人马星座的，因为光是以光速传播

的，而这颗恒星距离地球 4.3 光年。

——观天网

如果我们的银河系正在旋转，那么，当它向相反一侧旋转时，我们能否站在现在的位置看到几百万光年前的地球呢？

——“向天文学家求教”的问题

最后一个问题是一个爱好者提出的，回答者是一位天文学家，但他却没有指出问题中的错误。

34

世界上最古老的核反应堆

建造一座核电站平均耗资约15亿英镑。核电站的核心是核反应堆,它结构复杂,设计精细,带有控制系统,可以监控瞬间发生的事件,保证反应堆平稳产出热能,驱动涡轮机发电。有些核反应堆用铀做燃料发电。大家都知道——有一部分人认为使用核能有一个很大的弊病——核电站会产生核废料,造成污染。核废料含有未燃尽的铀,使核废料带有特殊的“记号”。这么说吧,科学家如果遇到这种特殊物质,他们可以准确地断定附近某个地方有一个人工核反应堆。

不过非洲中部的加蓬似乎是个例外。1972年,正在一个叫奥克洛的地方的一处铀矿工作的地质学家,偶然获得几份铀样本,它们具有核废料的显著特点。可那时,整个非洲大陆没有一座核电站,怎么会这样?一定是发生了奇事。

自然生成的铀岩石标本中含有两类铀原子:铀238和铀235,大部分是铀238,只有约0.7%是铀235。在核反应堆里,铀235受到名叫中子的核粒子轰击。一个中子能让一个铀235释放两、三个中子,这些中子继而轰击其他原子,其他原子又释放出更多的中子。如果条件合适,就会形成链式反应,使裂变的原子数不断增加,产生可供发电的热能。反应堆工作有许多必要条件,其中之一就是需要一种叫做减速剂的物质,通常是一种水,其作用就像一条毯子,能把中子裹住,不让它们溜走太多,终止链式反应。

在核反应堆的废料里铀235的比例比原先的0.7%还要少很多,因为原子已经在链式反应中裂变了。奥克洛铀矿矿石的铀235含量和核废料里的含量一样,说明曾经在某个时刻该地区发生过核裂变链式反应。大多数科学家不太相信会发生这种事情。1956年,日本化学家黑田和夫(Paul Kuroda)提出一种解释,也许在过去某个时间,在某种条件成熟的情况下,自然发生一次铀链式反应。条件之一是铀235的含量比今天自然形成的铀矿石中的铀235含量高,条件之二是有水作减速剂,减慢中子的速度。

研究奥克洛铀矿石的科学家相信了,20亿年前这些链式反应的条件都具备。那时,铀235的比例比现在高得多,大约在3%左右。现在其含量降低的原因是衰变;铀和其他放射性元素一样会衰变成别的原子。铀衰变的速度是根据一个叫做半衰期的特性测定的。半衰期就是一定量的元素衰减为原来质量一半所用的时间。铀235的半衰期是7.04亿年,由此可以推断大约几个半衰期之前,也就是20亿年前,自然沉积物含铀235较多,其含量正好可以产生链式反应。倘若当时周围有水——减速剂——以防止杂散的中子逃逸,奥克洛链式反应的条件具备了。那几位科学家又深入研究了奥克洛的情况,进而得出结论:当地的核反应方式很有趣,几百万年为一个活动周期。链式反应在有水环抱的岩石中发生,原子裂变产生热能,热又将水变成蒸汽,进而破坏水对核反应的缓冲力,中子逃逸,使链式反应停止。尔后,蒸汽凝结成水,又开始包裹聚拢铀释放出的中子,使矿岩里保留越来越多的中子,引起铀原子裂变,重新启动链式反应。

2004年,美国的一个科研小组研究一片只有几毫米大小的奥克洛矿石,经计算得出,奥克洛的天然核反应堆产生热能,大约持续半个小时,接着停止反应两个半小时,尔后开始下一次反应。在过去的1.5亿年间,它就是这么反反复复过来的,每次反应产生平均100千瓦的能量,相当于一辆典型轿车发动机产生的动力。

这项研究还给那些担心核电站核废料储存问题的人带来一个惊喜。这个天然核反应产生的核废料就存放在一堆由花岗岩、砂岩和黏土构成的岩石间。20亿年里,这堆核废料,包括剧毒的钚元素,才挤过岩石移动了约3米。科学家在研究了奥克洛现象后更有把握了,把从核电站产生的废料存放在地下的石头库房里就能很好地解决这一问题。

36

杀人湖

非洲喀麦隆的一片山区中有一个名叫尼厄斯(Lake Nyos)的湖,湖边有几个村落。1986年8月的一个夜晚,几个村子共有1700人在睡梦中死去。尼厄斯湖就是杀人元凶,连住在距离湖边25公里的地方的人也难逃噩运。原来湖里咕噜咕噜直冒二氧化碳,二氧化碳形成厚厚的烟云,顺着山坡一路升腾,而后又顺坡而下,飘进峡谷,使所有生命窒息死亡。

非洲这片土地共有3个怪湖,一个是莫瑙恩湖(Lake Monoun),两年前杀死了37人,但和尼厄斯湖发作的后果相比,是“小巫见大巫”。第三个是基伍湖(Lake Kivu),还未发作过,尽管它的二氧化碳含量不比其他两个湖少。

这类湖泊之所以能夺命,主要因为它们都坐落在火山口上,经过数个世纪,二氧化碳自火山内部经湖床渗出。如果是较浅的湖泊,即便有二氧化碳渗出,也会被水的自然流动冲散,进而从湖表面逸出。可是,喀麦隆的这三个湖泊很深,湖水也不怎么流动,正好压制着二氧化碳气体,使之处于被包裹状态,形成瓶装苏打水效应。苏打水就是二氧化碳溶解在水里形成的。偶尔,也许是风暴后或山体滑坡,溶于水中的二氧化碳层的稳定态被打破,它便以骇人的力量形成一个巨大的气泡,从湖里腾起到数百英尺[①]空中;由于二氧化碳比空气重,它会落回地面,滚过乡村。在尼厄斯湖事件中释放了约1立方千米的二氧化碳气体——相当于灌满500个温布利体育场——它以每小时60千米的速度从湖中心向外蔓延。假如当时湖边装有探测器,离湖边最远的死亡居民就会有15分钟的预警时间,有些人可能会逃过一劫。

---

① 1英尺相当于0.3048米。——译者

由于这类事件发生前没有一点儿征兆,因此法国科学家现已在距离湖底 200 米的地方安装了聚乙烯管道，在二氧化碳气体浓度达到危险值之前,通过管道把它释放掉。科学家们坐镇巴黎,通过卫星监视湖的情况,不管气体释放多少,只要浓度有危险的升高迹象,他们就打开管道阀门。

不幸的是,经调查发现,这个怪湖上还有一个潜在的危险,在湖的北边有一个很不坚固的大坝,如果它决口了,一是洪水泛滥,二是造成毒气喷发,可以淹死、熏死 1 万人。

还有一条坏消息:虽然排气管道有一定作用,但是一个科考队在 2006 年对尼厄斯湖考察后报告说,湖水仍然充满毒气,随时可能喷发,“对当地居民构成严重危险”。

38

稳坐岩石上

地球变暖的一个最严重后果，就是令全世界海平面上升，因为温度升高致使地球两极的冰盖融化。大家都知道，地球的南北极覆盖着厚厚的冰雪，但在过去几年，两极冰雪似有收缩的迹象，这表明冰层融化已经开始。北极圈的冰盖在最近的 30 年间已经缩小了 20%。不过问题并不像看起来那么严重，至少就海平面的变化情况看是这样。如果两极的冰盖完全融化，只有南极融化的冰水会影响到海平面的高低。

问题不在于南北两极的冰和冰融化成的水在物理性质上有何差异，根本差异在于两极冰盖下面的情况。北极其实是漂浮在水里的大冰块；南极则是稳坐于陆地上的大冰块。为了便于认识形成这种差异的原因，我们拿冰山打个比方。水结冰后，冰块的密度会比水的密度小一点点。当 H_2O 分子形成液态——水，每个分子会和其他 3 到 4 个水分子松散地结合在一起。当温度下降，水变成冰时，每个分子和另外 4 个分子结合会变得更紧密，这样分子间的空隙就更多了。于是，冰会漂浮在水上，原因是同等体积的冰和水比较起来，冰的体积不那么紧密，存在一定间隔。（正如一块铅会沉入水中，因为同等体积的铅比同等体积的水更密实。）

那么，漂浮在海面上的冰块融化后会怎样呢？因为冰的密度比水小——即同等质量的水和冰，水的体积更小——整个冰山融化后的水的体积相当于融化前的冰山在海面下的部分所占的体积。所以，冰融化后，不会增加海水的量。即便海里的所有冰山都融化了，北极的冰块一夜之间全融化了，也不会造成海平面升高。（同样道理，如果你把一个冰块放在盛着半杯水的玻璃杯里，然后将玻璃杯再蓄满水，冰块融化后，水并不会溢出来。）

但是南极的冰不全在海里，所以情况完全不同。南极的冰层牢牢附着在陆地之上，这块陆地就是南极大陆。一旦冰层融化，冰水会涌入环绕南极大陆的海域，引起海平面上升。如果南极冰层全部融化，海平面将上升至少30英尺(相当于10米)，世界上许多低地将成泽国。

讲了这么多，不是要跟大家说，咱们没必要担心北极冰盖融化的问题，那里的冰融化的速度比科学家预测的快多了。冰层融化对全球生态的微妙平衡还有其他一些影响。北极圈冰盖缩小，即便不引起海平面上升，也会减少从地球反射阳光的总量，余下的光和热将被吸收，继而抬高地球温度。

这会让你在喝饮料时想多加一块冰；在观看灾难片时，转移一下关注方向。

40

不要再撒骨灰了

亲爱的父母或别的亲人去世了，将他们的骨灰洒向他们生前钟爱的高山美景，抛洒前再举办一个小小纪念仪式。这个做法看似没什么害处。现在70%的人死后是火化的，大多数生者愿意尊重死者的遗愿，把他们的骨灰安放一个清静的地方，而不是摆在家中的某个角落里。这下好了，英国的美丽景点因化学成分失衡而深受其害，究其原因，都是火化后剩下的大量骨灰惹的祸。

英国最高峰本尼维斯山的山顶，情况已经非常严峻。管理部门要求人们不要再往那里抛撒骨灰。骨灰中钙、磷含量很高，使土壤的化学平衡发生变化，已经影响到耐酸性差、耐碱性差的高山植物，令它们的生存变得窘迫。

耐人寻味的是，在一些植物遭骨灰戕害的同时，另一些植物却繁茂兴旺，蔓延到原先荒芜的地区。骨灰的效果就像园丁用煤灰或骨粉给蔬菜施肥。在高纬度地区，骨灰能促进苔藓和青草的生长，覆盖了原来光秃的岩石和土地。

一位科学家评论说：骨灰好比给一些植物提供了“豆饼大餐”。他还说，他一直监测一片高地山脉，那里 16 年前撒过骨灰，此后植物发生了明显而长久的变化。

全球灾难先生

我们的环境所遭受的威胁，如全球变暖、环境污染等等，都是范围大、波及面广。表面上看，个人不太可能对世界环境问题构成很大影响。然而，一个人，具体说是美国的一位发明家小米奇利(Thomas Midgely Jr)，却是制造全球环境的两大隐形杀手的罪魁祸首：一是汽油里的铅，二是冰箱里的氟利昂。

小米奇利提出用铅作为汽油添加剂，消除汽油的“爆震”问题。汽油在内燃周期过早燃烧会产生爆震，损坏发动机。当年发明这种办法的时候，人们就知道铅对人体有害，所以制造商把它称为“乙醛”，不用全称“四乙基铅”。在对添加剂研究了数年之后，该项发明的副作用也让小米奇利本人深受其害，中了铅毒。不过，这只是个小病。尽管他本人已是受害者，制造厂里还死了 10 个工人，另有一些人因为铅毒产生幻觉、精神错乱，但是小米奇利还是想方设法打消人们的疑虑，不惜将这种添加剂倒在手上，用劲吸入肺里。他声称，自己每天都可以这样做，对身体无害。但是，没证据证明他天天如此。

他对人类的另一个贡献是制成了一种包含不同原子的化合物——氯、氟和碳——替代当时冰箱使用的制冷剂。以前的制冷剂一旦泄露，对人体的毒害很大。氟利昂，也叫二氯二氟甲烷，曾被视为一种神奇的化合物，它无色、无味、不燃烧、无腐蚀性，看似是一种无害的液体。它待在冰箱里，悄无声息从液态转化成气态，又从气态转化成液态，不断循环，让冰箱里的食物保持冷冻状态。

经过短短几年，氟利昂成为家用冰箱的标准制冷剂。小米奇利故伎重演，把他展示有毒发明的本事拿出来给大家看。为了表明氟利昂毒性很小，性质平和，米奇利深深吸进一口氟利昂，吹向燃烧的蜡烛，蜡烛当即熄灭。

小米奇利的这两项发明让制造销售这两种产品的公司赚了很多钱，统治各自的领域长达几十年。但是，先是四乙基铅，后是氟利昂，还有同类的制冷剂，被人们发现对环境会造成灾难性影响。汽车尾气将铅排放到空气中，被吸入人体后进入血液，造成儿童神经损伤；废弃的冰箱释放出的化学物质，则是造成地球臭氧层空洞的主要原因。

不过，当人们认识到小米奇利的发明造成的有害影响时，他已经去世很久了。他的死亡方式带着颇具诗意的公正——他死于自己的另一项发明。1940 年，米奇利感染上脊髓灰质炎，两腿残废了。于是，他发明了一套特殊拐杖，帮自己下床走路。可这次他的精明头脑没能预见这套装置的危险性；1944 年 11 月 2 日，他用这个装置起身下床时，竟被自己的发明活活勒死了。

第二部分

加加减减

未曾造出的机器

图灵(Alan Turing)是英国数学家,他的创造性思维为现代数字计算机奠定了基础。他之所以声名赫赫,一个原因是他的“图灵机”(Turing machine)。但是,这个图灵机也就在他的脑子里和论文里出现过,从未真真切切地存在。不过,现代计算机的工作原理无不源于20世纪30年代图灵等一小批所见略同的学者们提出的真知灼见。

那时候,图灵一直在琢磨德国数学家希尔伯特(David Hilbert)在1928年提出的一个问题:是否存在这样一种数学程序,它能在任何数学系统内确定某一命题为真或为假。图灵钻研后得出结论:有一些系统,譬如算术系统,仅使用系统内的技巧,是不可能确定其命题为真或为假的。

为探讨这个问题,图灵写了一篇论文,设计了一台假想机器。科学界有个说法叫“思想实验”,图灵的假想机就是靠思想实验做出来的。这台机器有一条环形磁带(无端磁带);磁带被分割为很多个单元,由类似一个磁带头的端头将符号写入单元内或擦去单元内的符号。

图灵在该论文中设想由他所说的“计算员”(那时候“computer”这个词是指人)来变更单元里的内容:“计算操作通常是把符号写在纸上。我们可以设想将这张纸分成很多小方块,就像孩子的算术课本一样……,计算员在任一时刻产生的行为,都取决于他看见的符号和当时的‘思想状态’。”

最简单的符号集应该是0和1,与这台‘机器’相配的还有一个指令表;它可以包含下列指令:

如果磁头下方的单元内为0,则擦除0,再写入1,然后将磁带向右移动。

如果磁头下方的单元内为1,则擦除1后,(再次)写入1,然后将磁带向左移动。

如果磁头下方的单元内为0,则擦除0,继而写入1,然后将磁带向左移动。

如果磁头下方单元包含1,则擦除1后,(再次)写入1,然后将磁带向右移动。

如果磁头下方单元包含1,则擦除1后,(再次)写入1,然后令磁带保持不动。

上述指令(只是完整指令表的一部分)可以概括为:

(0,1,R), (1,1,L), (0,1,L), (1,1,R)和 (1,1,N)

反复执行这个指令表,“机器”就会从初始状态——也就是符号的一种排列状态——运作到最终状态。只要指令集没错,使用实现数字自乘的指令表,磁带的初始状态,比如说一开始表示27这个数,就会转变为最终状态,表示729。

图灵在脑子里发明了图灵机,它使用针对单个问题的指令表来解决这个问题。后来,图灵又向世人展示了发明模拟所有图灵机功能的“通用图灵机”的可能性。通用图灵机使用的“指令表”相当于让现代数字计算机无所不能的软件。

尽管通用图灵机没有造出来,不过一旦需要建造真机器来解决疑难问题,图灵从不偷懒。有一个重要的数学难题图灵一直想解开,那就是要求证一个叫做“黎曼猜想”的关于质数分布的数学命题。时至今日,这道难题还没解决呢。

1939年,图灵获得一笔专款设计制造一台机器。这台机器由30个啮合齿轮组成,每个齿轮的齿数不一样,对应不同的对数。所有齿轮都在距齿轮中心一段距离处加了配重;齿轮相互啮合,构成若干个齿轮组,由一柄巨大的摇把推动其转动。

作家霍吉斯(Alan Hodges)为图灵立传时写道：

> "1939年的夏天,(图灵的) 房间的地板上摆满了交错咬啮的齿轮,像是在玩智力拼图。……图灵想解释这是在干什么,可怎么也解释不清楚。那时候还绝对看不出来,齿轮的动作可以揭示素数成十亿百亿地减少以至无穷的规律性。"

图灵虽然没造出黎曼机,却帮助英国在二战期间研制出一台破译德军英格玛密码(Enigma)的机器。这台机器绝对称得上是改天换地的利器。据说这一成果使二战提早两年结束,图灵还为此获得了英帝国军官勋章[①]。

① OBE———英帝国军官勋章，全称为"Officer in The Most Excellent Order of the British Empire",由英女王颁发,获此勋章即获得贵族勋衔。——译者

48

Pi = 3

大家都知道用希腊字母 π 表示的数字 Pi，但是了解 Pi 的特殊性的人并不多。

π 的起源并不神秘。古代的数学家，像埃及、印度、巴比伦和希腊的几何学家早就发现每个圆形的周长与直径的比率都是相同的；小到一便士硬币，大到冥王星运行的圆形轨道，其周长和直径的比值都是一样的，约为 $3\frac{1}{7}$；也就是说，圆的周长是直径的 3 倍多一点。

你想在地上画个有特定周长的圆圈，比如 10 米吧，知道这个比值 π 就很有用；你只须找来一个挂钩、一段绳子和一支粉笔就够了。绳子的长度要比圆周长的六分之一短一点，半径是直径的一半：以 10 米圆周计算，需要用 1.6 米的绳子。

随着测量圆的精度越来越高，对 π 值的估算也越来越精确。古埃及人的 π 值是 $\frac{25}{8}$，古巴比伦人的 π 值是 $\frac{256}{81}$。现在人们不用拿卷尺绕着大圆圈测量圆周，而是用计算机算，已经可以将 π 值计算到小数点后 1 240 000 000 000 位。给人的印象是，这么多位小数全是 0—9 随机构成的数字序列，也就是说 π 从 3.1416 开始，延续了 1 240 000 000 000 位。博尔赫斯(Jorge Borges)在所著《巴别图书馆》(*Library of Babel*)一书里说：如果将这些位小数延续至无限，你想要什么样的数字组合，就会有什么样的组合。例如，我的生日，如果用数字表示，起始位置就是第 36 764 575 位；我的姓氏，按 A = 1、B = 2 等等的对应顺序排下去，起始位置就是第 82 062 313 位。(顺便提一下，最后这个数恰好是个素数；你

知道素数用英语表达就是“prime”,“prime”还有“全盛时期”的意思,瞧,我家多自豪)

现在说说 π 的特性。一般的数不会这般没完没了地延续。如果测量得非常精准,我的身高应该是 180.236 128 639 厘米,往后打住。想在后面多添几个数,也只能全添成 0。(这个例子有点儿挖苦意味吧。)现在,把古埃及人的 25/8 换算成小数,就是 3.125,之后再无数字,当然,你可以写成 3.125 000 000 000,后面跟几万亿个 0 也没问题,但是这样做没什么好处,只会把你的手累得酸痛;就是添到万亿位,也不会再见到一个非零的数字。

π 是一个*无理数*。所谓无理,并不是说它行为反常,而是说它不能用两个整数之比来表示。其实,圆周率 π 在无理数里面属于少数派,人们称这帮少数派为超越数。虽然这个小集团的著名成员不多,但绝对比人们熟悉的整数、分数等其他数多得多。

对于不喜欢数学的人而言,这其中的复杂性会令他们不胜其烦,特别是像 π 这种直接同现实世界中的平常物件形状(圆)有关的数。这个数无论怎样都不能分毫不差地写出来,可它却无处不在,相伴左右,如我们使用的硬币,头顶的太阳,手握的方向盘等等。想到这一点,是不是觉得怪怪的?

1897 年,美国印第安纳州一位州议员打算解决这个问题,办法是为 π 值立法,让 π 值更合理,更……有理一些。这位议员名叫莱柯德 (T. I. Record),波西县人。他提出一个议案,列了一堆 π 值供选择,这些数值都比无理数实用得多了。该议案说:“鉴于现行规则无法用于实际……故应当予以废弃。”印第安纳州让居民们自己选择数值。最简单的选择是 4 和 3.2,而为了化繁就简,第三种意见竟弄出个 $\sqrt{2}\times\frac{16}{7}$,约等于 3.23,令人好生奇怪。

那时候,美国中西部地区大部分居民信奉正统派基督教,也许州议员莱柯德考虑到这一点,还从《旧约》里引经据典,证明自己的议案有理。《旧约》的“列王纪上”(The first book of Kings)有这样一段话：

“他又铸了一个铜海，样式是圆的，从这边到那边的直径十肘，高五肘，圆周三十肘。”换句话说，上帝认为 π 正好等于 3。

黑斯廷斯的鸟

英国的黑斯廷斯曾有一个名叫布里斯托(George Bristow)的枪械商,也是个动物标本剥制师。在19世纪末到20世纪初的30年间,他接连发布消息,说他在萨塞克斯的一些地方看见了珍禽异鸟。以当时的行事风格,《英国禽鸟志》(*Handbook of British Birds*)仅凭布里斯托的一面之辞,便在每年一期的不列颠发现的珍稀鸟类名录上,刊载了他的目击细节。这位标本剥制师交来了死鸟皮或填充过的鸟尸, 还附带说明了发现和射杀的地点,这就足以为证了。

最早记录的鸟是1892年发现的伯劳鸟(Woodchat Shrike),最后记录的鸟是1919年发现的黑脸鹡鸰鸟(Masked Wagtail)。在黑斯廷斯发现珍稀鸟类最多的时期,《英国禽鸟志》里一共增加了49种禽鸟,仅黑斯廷斯一个地区就占了32种。

这一网下去,捕获之多不可不谓惊人。有三种解释:其一,黑斯廷斯及周边地区对鸟类而言就是一个另类的"百慕大三角洲",珍稀鸟类在那里现身的频率就是比在不列颠群岛其他地区高得多;其二,布里斯托是个非常勤快的观鸟的高手;其三,他报道的禽鸟根本没在不列颠群岛出现过,是他设法从偏远之地弄到的。

1962年,这份很有权威的鸟类名录上仍然列有当时已经以"黑斯廷斯珍禽"著称的鸟,凡光临过不列颠群岛都要记下一笔。而那时候,很多人内心有一种感觉,布里斯托在造假;而且这种感觉越来越强烈,到了该一举核实、做最终结论的时候了。1962年,两位鸟类学家在《英国禽鸟志》撰文,口气有点过于委婉:认真研究黑斯廷斯的"禽鸟目击事件","我们无奈地感到其中可疑,尽管这令我们心头不舒服。"他们还对一个情况发表了评论:"说也巧了，鸟类专家们一向运气不好，大部份珍禽死可见尸，就是看不见活的。这些珍禽全是十几个区捕猎枪手收集送来的，行动之迅速，收集量之大，着实令人兴奋。”

有很多证据证明，黑斯廷斯珍禽纯属子虚乌有。目击报告后来越报越少，到20世纪20年代末再无消息。将后来在不列颠群岛其他地区发现的类似禽鸟的目击情况拿来比较，可以说明两点：

1. 把以后几年发现的珍稀鸟类(即非黑斯廷斯珍禽)的名录(类)与在黑斯廷斯珍禽大量发现期间的同类禽鸟的出现情况作比较，显示鸟类的分布大同小异；当然，一个原因是鸟类观察和记录的技术有所改进，鸟类观察者的人数也有增加，所以观察到的禽鸟数量比以前多。

2. 把较早时期观察到的珍稀鸟类的名目和其后观察的记录相比较，会发现两者差异十分显著，许多早期观察到的鸟，后来在不列颠群岛再也没有看到过，更别说黑斯廷斯地区了。

看清了吧，布里斯托正活跃的那段时间，报道了所有珍禽异鸟，而过后，他目击的鸟儿别的观鸟人再也没见到过的。有没有猫腻，太明显了。

不过，推翻黑斯廷斯珍禽真实性的决胜一招却是一种很简单的数学检验方法，称为“卡方检验”。人们对科学实验的结果做基本的统计分析时经常用到它。

我们看看卡方检验是怎么做的。假定你抛掷一枚硬币100次，得到的正面朝上或反面朝上的次数分别为：

表1：抛掷一枚硬币100次正面朝上或反面朝上的次数

	正面次数	反面次数	总次数
观测值	53	47	100
期望值	50	50	100

你一定想弄清楚，正面朝上次数稍多的分布究竟是偶然出现的，还是硬币捣了鬼。

卡方检验是这样做的：先将观测值 O 减去期望值 E，再将结果平方（即结果自乘）后除以期望值 E。正面朝上次数和反面朝上次数均照此计算，然后把结果相加。在这个例子中，卡方检验的结果是 $(53-50)^2$ 除以 50，再加上 $(47-50)^2$ 除以 50，即 $\frac{9}{50}+\frac{9}{50}$，结果为 0.36。使用标准卡方表即可查询卡方值，检验该值是否在正常范围内，也就是说，查看该值是否反映了随机抛掷硬币实验的结果。在此例中，该值满足要求。该表格告诉我们，发生该结果的概率是 55%，完全正常。

假设抛掷硬币的结果是正面朝上 40 次、反面朝上 60 次，又会出现什么结果呢？在这种情况下，卡方值为 $\frac{100}{50}+\frac{100}{50}=4.0$。查表得知，一枚普通硬币发生这种情况的概率为 4%，不是不可能发生，但可能性太小，确有质疑的理由。

黑斯廷斯地区发现的珍稀鸟类与英国其他地区发现的珍稀鸟类明显不同，因为 20 世纪初期该地区的珍稀鸟类的发现数量更多。但是，如果目击报告是真的，而且报告次数多是因为黑斯廷斯地区有一批技术特别娴熟的鸟类观测者或捕猎者，抑或两者皆而有之，那么黑斯廷斯地区发现鸟儿的基本模式——珍稀禽鸟的种类、发现季节等等——也应该和其他地区相似，数量多一点也无妨。而如果稀有鸟类是造假的，与那时在黑斯廷斯地区上空飞过的鸟儿毫无关系，发现模式就不一样了。有一个统计员，与《英国禽鸟志》的鸟类专家共事。他收集了 3 个地区 2 个时间段的数据，又查看各地区 3 类珍稀禽鸟的报告（分别为一类、二类、三类），最后编制了一张表，将黑斯廷斯及其他地区各类鸟儿的数量填进去。下面是他的发现：

表 2：黑斯廷斯及其他地区 3 类珍禽数量

	一类	二类	三类	总数
黑斯廷斯	243	208	165	616
其他地区	125	119	255	499

谁看到这张表的数据都会觉得好笑。黑斯廷斯地区一类珍稀鸟的报告数量是其他地区的两倍,而三类鸟的报告数却比其他地区少很多。

不过,真假实虚还要用简单的卡方检验来验证。刚才我们在抛硬币实验中看到,在卡方值为 4 时,只有 4%的可能会出现这个结果,偶然性很大。对黑斯廷斯珍稀鸟类进行卡方检验,结果是 57.40,证明那些报告不可能是正常的鸟类观察报告的结果。显然,当年英国鸟类学家的“无奈的怀疑”是绝对有道理的。

布里斯托坚持不懈地目击了,这么说吧——一辈子。不过,在英国鸟类学界开始质疑他的报告,并对鸟类施加条件规定后,原来成群飞到黑斯廷斯地区的珍禽数量,很快减到与英国其他地区观测到的珍禽数量相当。

实际是怎么回事呢?没有人去证实过,不过《英国禽鸟志》暗示布里斯托早有预谋,他纵容几个常来附近港口的水手在国外打鸟,而后把鸟放在船上的冰柜里,带给他。他出高价收购,再给鸟尸里塞物制成标本,给《英国禽鸟志》寄去一份标本,剩余的卖给珍禽收藏者。例如,在北非十分普通的鸟类,到了黑斯廷斯这一带一定十分稀有,因此将这些鸟说成是在英国发现并射杀的,他就可以向收藏者讨个好价钱。

环绕地球的绳子

如果能扯一根绳子，让它严丝合缝地围着地球赤道绕一圈，那么要想把绳子抬离地面3英尺①或者1米，绳子需要加长多少英尺或多少米呢？

凭直觉，第一种猜测可能是：要将绕地球一圈的绳子抬高1米，就必须先计算一下绳子的长度——即地球的周长。但是，如果有人告诉你，绳子是贴着地面绕地球一周，总长度大约40 000千米时，怎么样，算得出来吗？你会想，绳子肯定要加长几千米，才能有余量宽宽松松地绕地球一周。不过，如果有人告诉你，答案与绳子的长度一点关系都没有呢？

要找到答案只需求出两个周长的差即可，也就是以地球直径为直径的圆的周长和以地球直径再加上2米（直径两端各加1米）为直径的圆的周长之差。如第一个周长用 C_E 表示，第二个周长就用 C_{E+} 表示，我们还必须知道一个要素，这个要素就是 π。任意一个圆的周长等于直径乘以一个叫作 π 的常数（参见第48页）——约为3.14。所以，$C_E = 3.14 \times D_E$，而 $C_{E+} = 3.14 \times (D_E+2)$，该式中的 D_E 为地球的直径。要求出绳子增加的长度，需要从 C_{E+} 中减去 C_E，故需要从 $3.14 \times (D_E + 2)$ 中减去 $3.14 \times D_E$；第2个式子去掉括号，变成 $C_{E+} = 3.14 \times D_E + 3.14 \times 2$，我们若写成下面的式子，即可得到答案：

$$绳子增加的长度 = 3.14 \times D_E + 3.14 \times 2 - 3.14 \times D_E.$$

或，再稍加调整，变成 $3.14 \times D_E - 3.14 \times D_E + 3.14 \times 2$。虽然这式子看起来没有霍金（Stephen Hawking）的大师级数学高深，但是加加减减去括号，咱们平时也不是经常做。不过，大家可以看得出来，绳子的长度不是以数百数千千米增加的，连1千米也没有，只增加了两个3.14米，也就是20英尺左右。

---

① 1英尺相当于0.3048米。——译者

计算时,实际绳子的长度根本用不到,就是说:用绳子做成的任意尺寸的任一绳环只要增加 3.14 米,就可以使绳环的直径增加 1 米长;也就是说,一根绳子只要增长——3.14 米,就能绕在圣保罗大教堂的圆顶基座上(110 米长)。同理,一根绳子只要增加 3.14 米,也能套在木星的轨道上(约 50 亿千米)。

莫扎特的骰子华尔兹

我们姑且相信一回音乐出版商柏林的胡美尔(J. Hummel)的话,作曲家莫扎特(Theophilus Mozart)(见下文)写乐曲的时候玩了一把概率论,竟靠投掷骰子决定作品的样式。

1793年,莫扎特去世两年后,胡美尔发表了一张谱表,里面是一小节一小节的乐谱。他说,这乐段是莫扎特写的,他想在听众的参与下创作变幻无尽的“骰子华尔兹”。这张谱表共 176 小节,分为 16 段,每段有 11 小节。16 段的每一节有 11 种变化;听众连续抛掷一对骰子,产生一串 2—12 之间的数,再给数字编个顺序,确定每一小节演奏哪种变化。如骰子的投掷结果是3,8,9,6,3,4,2,7,5,8,8,12,10,4,7,6,则将这个序列里的每个数减去 1(抛投两个骰子,所得数之和永远不可能为 1),音乐家按此演奏第 1 小节第2种变奏,第 2 小节第 7 种变奏,以此类推。每首曲子都不一样,因为 1—11(或 2—12)的排列组合共有 759 499 667 966 482 种,不可能在每100 万亿种变奏重复出现一次变奏。将所有组合版本演奏一遍,需要 5 亿年。

还有,您是不是以为莫扎特的教名是沃尔夫冈·阿马多伊斯(Wolfgang Amadeus),要是告诉您根本不是这么回事,您或许会很吃惊呢。想当年,8 岁的小莫扎特就向世人展示了才华。古文物专家兼博物学家巴林顿(Daines Barrington)写过一篇文章,记述在伦敦举行的神童测试,还附上一张男孩照片,上面标明,男孩叫“迪奥菲勒斯·莫扎特”。另外,莫扎特生平中只有一份文件用过“阿马多伊斯”这个名字,“阿马多伊斯”就是拉丁语的“迪奥菲勒斯”(Theophilus,意为“上帝的宠儿”)。莫扎特受洗名字是约翰内斯·克里索斯托穆斯·沃尔夫冈厄斯·迪奥费勒斯 (Joannes Chrysostomus Wolfgangus Theophilus),根本没有“阿马多伊斯”(Amadeus)。

58

最后的备忘录

1945年,美国工程师布什(Vannevar Bush)在《大西洋月刊》发表一篇文章,谈及几个具有和平用途的科技创意,认为科学家应当认真研究。那时候,经过五年的武器研究原子弹的研制达到高潮。布什本人曾为制造原子弹出过力。

布什提及的一项"发明",融精准的预言和离谱的笨拙为一体,怪诞异常。玻尔(Niels Bohr)说,预测很不容易,尤其是预测未来。18世纪末,有人画了一幅漫画描绘2000年的生活;其中有一条对未来进步最大胆的设想,写在一辆飞起来的货车的车厢上(用好几个气球吊着,这是当时人们知道的唯一的飞行方式),那是一则为"铸铁玻璃"所做的广告。其实,现在用的窗户玻璃还是会碎的,大家都习以为常了。不过,至少布什设想的一种新技术设备真的快要实现了,也许实现的方式和他想的不一样。

布什预言将来会有一种叫做"麦麦克斯存储器"(memex)的东西。他写道:"一个麦麦克斯存储器可以将个人的全部书籍、唱片、通信全都存放进去,它装有机关,用起来迅速灵活。可以说它是对个人记忆的贴身补充。"

这东西听起来好像就是集iPod、电子书和数字录音机的功能于一身。60年前能预见这些,已经算是先知先觉了。不过,您往下读就知道,布什实现这个发明的办法和后面实际实现的办法大不相同:

> 布什接着写道:"它有一个桌子,可以远距离操作,但主要是做家具使用。桌子上面有些倾斜的半透明幕布,资料可以投射在上面以方便阅读,还有一个键盘、几组按钮和操纵杆。要是没这些东西,它看起来就是一张普通的桌子。桌子一端存储资料。大批的

资料使用改进过的缩微胶卷存储。麦麦克斯存储器的内部只有很小部分用于存储,其余全是机械装置。”

布什还描述了这张“桌子”能做的工作,包括类似我们时下在互联网上用到的超级链接和搜索功能。不过,以他的设想,上述功能是靠操纵杆、照片和文本的缩微胶卷,以及呼呼转动的齿轮来实现的。齿轮的功能是访问成千上万页储存用户的“书籍、唱片和通信”的缩微胶卷。

今天,布什预言的“麦麦克斯存储器”的大部分功能运用技术已经可以实现,而且比一张桌子小多了;我们很多人都有这样的设施。但布什有一个设想还没完全实现,虽然现时情况表明,离完全实现已经不远。他提到存储和检索个人通信;除了电子邮件,大多数人是靠言语方式交流的;这种方式不能存贮,不能检索,当然,我国的特工机关例外。

不过,离愿望实现的这一天不远了,到时候,不管何时何地,我们跟任何人说的话都能用便携装置一一记录、存贮、转录成文本、作出分析。是的,收集的信息越多,越需要有效的信息检索方法。2002 年,卡内基-梅隆大学的科学家设计并测试了一种仪器, 它可以记录佩戴者参与的每一次谈话,过后把这些对话检索出来,这对于那些记性差,记不住长相,或者人和名字老对不上号的人来说特别实用。

这台仪器有两个话筒和一个微型照相机,使用时别在衣领上,并连接到佩戴者身上的笔记本电脑。一个话筒是定向的,专门接收佩戴者的声音;另一个话筒覆盖比较大的区域,记录会谈中其他谈话人的声音。(只有佩戴者的谈话内容可以完全记录下来,因为在美国未经对方同意对其谈话录音是非法的。)最有趣的是照相机,不是要用它记录谈话视频,主要是为了拍对方谈话人的脸。

谈话人面部图像的视频信息和说话的音频信息被储存在佩戴者身上的电脑内。科学家希望这种仪器能帮助佩戴者下次遇到跟自己曾谈过话的人时能记起他。下次相遇电脑会拍摄一张新谈话对象的脸部图像,并把它同与佩戴者谈过话的所有人的脸部图像进行比对。同时,该仪器还会将新谈话人的一段音频剪辑和此前同与佩戴者谈过话的所有人的音频剪辑进行比对。科学家称,不论新谈话者以前是否遇到过,脸部图像和声音的比对法都能以很高的识别率进行识别。如果遇到过,电脑专用软件会检索上次谈话并进行归纳,提供一节简短回放——大概是回放吧——这样,按他们报告的说法,该仪器可以"克服年龄等智力限制因素,帮助回想起特定情景下所需的细节"。

在卡内基-梅隆大学的科学家公布研究报告后那几年时间里, 计算机存贮的微型化、人脸与语音识别的精密软件的开发都在马不停蹄地进行。有朝一日,只要愿意,可以把每天的日常活动全部以视频、音频的形式记录保存下来。相信这一天快来了。

当然,这种方法也有风险。因为我们将个人生活的细节存贮在大脑之外的人工记忆体上越多,我们对自身内部的记忆体的依赖就越少;凡是丢过个人备忘录或笔记本电脑的人,都知道后果的严重性。

柏拉图曾在其著述里提到过类似的风险, 那是在数字计算机发明之前,有些年头了。他笔下的一个人物对书写的发明表示担忧;在《费德罗斯》(*Phaedrus*)中,法老塔穆斯(Thamus)谈到书写时说:"人学会书写,便在灵魂栽种了遗忘:因为依赖书写,所以不再训练记忆。"

1+1真等于2吗?

数学家们对任何事物都不想当然。为了得到一个缜密的结论,你必须确保每一步——哪怕是从最简单的起点开始——都是经过严格、正确的论证的。譬如“1+1是否等于2”这个复杂的问题。必须首先搞清楚1的意义,而后再思考2的意义,最后确定1和1结合在一起等于已确认理解的2的意义。

英国数学家怀特黑德(Alfred North Whitehead)和其学生罗素(Bertrand Russell)合著了一套三卷本的巨著《数学原理》(*Principia Mathematica*),其中就包含上述思考。这套著作于1910—1913年间陆续出版,至少有半页篇幅是在证明1+1=2。(说半页是保守估计,有一位数学家曾经写道:“怀特黑德和罗素的《数学原理》之所以著名,是因为它用长达1000页的篇幅来证明1+1=2。”)

一些人认为根本没必要证明最基本的算术恒等式,他们对罗素提出异议,罗素以笔作答:

> 你可能会说:“什么都无法动摇我认为2+2=4的信念。”很对,但是在一些边缘情况下——且只有在边缘情况下,你才会怀疑某种动物是否是一条狗,或者某个长度是否小于1米。“2”一定是2个某物件,“2+2=4”这个命题如果不作实际应用,就毫无意义。2条狗加2条狗确实等于4条狗,但是,如果你怀疑其中的2条是不是狗,你可能会说:“不管怎样是4只动物吧。”但是有些微生物,你也搞不清楚它们是动物还是植物。你会说:“好吧,就算是生物吧。”但还是有些你搞不清楚它们是不是生物。最后你只好说:

“2 个实体加 2 个实体等于 4 个实体。”等你解释完了“实体”的含义后，我们会继续争论。

罗素和怀特黑德证明 1 + 1 = 2 时，专门留了一部分篇幅来尝试给“实体”下定义：

$*54\cdot43\ \vdash:.\alpha,\beta\varepsilon1.\supset:\alpha\cap\beta=\Lambda.\equiv.\alpha\cup\beta\varepsilon2$

Dem.

$\vdash.*54\cdot26.\supset\ \vdash:.\alpha=\iota\text{‘}x.\beta=\iota\text{‘}y.\supset:\alpha\cup\beta\varepsilon2.\equiv.x\neq y.$

$[*52\cdot231]\qquad\equiv.\iota\text{‘}x\cap\iota\text{‘}y=\Lambda.$

$[*13\cdot12]\qquad\equiv.\alpha\cap\beta=\Lambda\qquad(1)$

$\vdash.(1).*11\cdot11\cdot35.\supset$

$\vdash:(\exists x,y).\alpha=\iota\text{‘}x.\beta=\iota\text{‘}y.\supset:\alpha\cup\beta\varepsilon2.\qquad\equiv.\alpha\cap\beta=\Lambda\qquad(2)$

$\vdash.(2).*11\cdot54.*52\cdot1.\supset\ \vdash.\mathrm{Prop}$

（这个证明也只是在“算术加法已被定义”的条件下才成立，而这又要另当别论了。）

一位数学家把罗素和怀特黑德试图证明的内容重新作了阐述；没用他们用的符号，而是直接用语言表述：“如果集合 α 与集合 β 各自包含一个元素，那么，当且仅当两集合的并集只有两个元素时，则断定两个集合没有交集（即没有共同元素）。”

这样叙述能让罗素他们的证明稍微不那么深奥，同时也说明为何需要费些工夫才能完成证明。“集合论”是数学的一个基本系统，最早于 19 世纪末提出。它首先从“集”的概念入手，“集”就是一组元素的集合；接着思考合并集合的规则，进而分析集合之间的关系。例如，上述节录的表达式“*11·54”是指书中某处提到的一个陈述；该陈述是：“你可以采用一个论断，即两个事物存在，将该断言分作两个论断，每一论断确定其中一个事物存在。”普通的数以及人们使用它们的方式，只是罗素和怀特黑德这样的数理哲人构建的大厦投下的一点浅淡的阴影罢了。

不过大家都看得出来,为什么要缜密严谨。有时候我们看待事物的方式,看待学校所学的教学内容的方式"太平常",有可能把我们引入歧途。请看下面 3=4 的证明:

假设:$a + b = c$

上列式子还可写成:

$4a - 3a + 4b - 3b = 4c - 3c$

(因为 $4a - 3a$ 就是'a',$4b - 3b$ 即为'b',同样 $4c - 3c$ 就是'c')

对上式各项重新调整顺序得到:

$4a + 4b - 4c = 3a + 3b - 3c$

(从等号一端移一项到等号另一端,只需把加号变成减号,减号变成加号即可。所以,举个例子 $4x - 3 = 0$,可以把-3 移到等号右边变成$+3$,写成 $4x = 3$;也可在等号两端分别加上相同的数$+3$得到 $4x = 3$;也即,两个相等的值分别加上同样大小的数值,则两个值仍然保持相等。)

现将上边的式子重写为:

$4 \times (a + b - c) = 3 \times (a + b - c)$

两边同除以$(a + b - c)$,即得到 $4 = 3$

这个谬误源于一个不严格遵循算术规则的人都会犯的常见差错。多数人看到这种诡辩式的结果,都会倾向于相信常识,而不是高深的数学推理。我们像维多利亚时代的女人拉图什夫人(Mrs La Touche)一样,关于她,人们唯一知道的就是她曾说过这样一段话:

我烦透了算术。说算术是一门精确的科学,简直是大错特错。

64

算术中有排列和偏差，像我这样有高贵的头脑尚可分辨；有细微变化，一般的会计师难以发现；还有数的隐性规律，需要具备我这样的头脑才能洞察。比如求和，自下而上相加和自上而下相加，结果总是不一样。

一场晚宴引发的问题

数学三下两下就可以把问题搞复杂。一开始,你遇到的是个简单问题,谁都能理解它,可是很快整个局面失控了,这个问题弄得你头昏脑胀。

下面就是一个例子:一次晚宴,来了6位客人,现在要你证明:这6位客人当中,要么有3位相互认识,要么有3位完全互不相识。

听起来好像不难回答,但仔细想想,答案总是飘忽不定。该问题没有说客人被分为两组——一组是朋友,一组是陌生人,每组有3人,也没说他们不能都是朋友或不能都是陌生人。在一种情况下,答案是显见的:如果有2人是朋友,则另外4人就是陌生人,反之亦然。但这种情形并不存在。可以有两个“陌生人”相互认识,而他俩却不认识各自那两位“朋友”。

但是,换一位数学家来思考,他会摆脱这一切胡思乱想。他会取出一枝铅笔,或红、蓝铅笔各一枝,或红、蓝、黑色铅笔各一枝,在一个近似圆形上画6个黑点表示参加宴会的6位客人。然后用红色铅笔在每对认识的人之间画一条红线,用蓝色铅笔在每对陌生人之间画一条蓝线。这样一共画出15条线,形成的图案不是一个红色三角形,就是一个蓝色三角形——分别连接3个相互认识的人,3个互不相识的人。

至此,画图并没有证明这个问题,但是却把一个模糊的人类难题转化成一个精确的数学命题。问题用线连接的点来表述,利用的是图,而不是人和他们的社会关系;瞧,简单的几何学就能提供证明。

探讨这类问题的专业领域叫“拉姆齐理论”(Ramsey theory),以剑桥大学的天才数学家拉姆齐(Frank Ramsey)命名。拉姆齐在数学、经济学和哲学方面贡献巨大,但27岁就去世了。宴会问题是该领域里最简单的问题,更复杂的拉姆齐问题需要更多的线连接更多的点。如果图形中所有的点都以直线与其他点相连，则该图形称为完全图。任一包含在完全图中的图形——如上述的红色三角形和蓝色三角形，均称作子图。拉姆齐问题是：最少点数为多少时，一个随机用红色或蓝色笔连成的完全图会含有一个红色三角形，或者一个蓝色四边形？

这些问题异常难解。拉姆齐理论有一个问题和前面的宴会问题一样，只不过涉及的数量有所改变——5 个朋友和 5 个陌生人；这道难题至今没有获解。问题的答案记作 $R(5,5)$——确保这个宴会上要么 5 人是朋友、要么 5 人是陌生人的最少人数——但是谁也不知道答案是什么。数学家得出的最接近的答案说，是在 43 人到 49 人之间。匈牙利数学家埃尔德什(Paul Erdös)写道：

> 我们来想象一下，有一股远比地球人力量强大得多的外星力量登陆地球，要求人类必须给出 $R(5,5)$ 的值，否则将摧毁地球。果真如此，我们应该调集所有的计算机和所有的数学家，尽力把这个值找到。但是，如果人家要我们给出 $R(6,6)$ 的值，那我们就应该想办法消灭外星人了。

一般人觉得数学家特别关注精确，其实他们常常满足于退而求其次。知道 $R(5,5)$ 的值就在 43 和 49 之间，和知道 $R(5,5)$ 的值是 46 差不多。(如果 46 真是正确答案的话，那这个重大发现的功劳可得计在笔者头上。)但是，对不精确的容忍跟定了拉姆齐难题，让人感觉荒诞可笑。

拉姆齐理论不仅能处理如上述例子中包含于平面完全图里的子图，还可以就包含于三维完全图中的子图提出类似问题。拿一个立方体的 8 个顶点为例：把每个顶点都与其他顶点相连，会得到像鸟巢一样错综复杂的连线，这些连线构成不同的、更简单的形状。我们也可以就这个完全图中的子图(包括同在一个平面上的子图)提出问题。当然，所有的三角形子图必在考虑之列，但由四个或四个以上点构成的子图就不必了。

拉姆齐理论的研究者认为,二维和三维只算是初级,相当于初学滑雪者练习滑的缓坡。具有世界上最不精确解的拉姆齐问题牵涉到更高维数的完全图。在此,笔者只把这个问题勾勒一下,不作解释。(读者应当知道超立方相当于二维空间中的正方形或三维空间的立方体,所谓更高维数空间的对等体。)那么,一个超立方的最小维数是多少,它才在所有的顶点之间的连线均为两种颜色的情况下,必定包含一个4个顶点在同一平面上的单色完全子图呢?

这个问题至今没有答案,不过数学家葛雷姆(Ronald Graham)已经求证得到答案的上限值,就像49是$R(5,5)$问题的上限值一样。所谓上限值是一个可证的大于或等于精确答案的数值。

葛雷姆的上限值太大了,大到什么程度呢?需要使用特殊标注来记录。在此,就算使用特殊标注把它写出来,也会占很大篇幅。只要这么说就够了;葛雷姆的上限值大到宇宙万物全变成墨水和笔,也不够把它按十进制数写下来。

这则故事的结尾让人有点摸不着头脑:最近几年,有人把这道难题算出来了,正确答案可能是11。

68

谷歌是怎么运作的?

一般人使用计算机,并不细想计算机是怎么工作的,就像开车的人不太关心引擎罩下发生的事一样。只是在购买新计算机的时候,我们才会关注计算机的数据处理能力、内存大小。计算机技术虽然已经成为现代世界的基本内容,但是对于它发展的真实水平,一般人也只是了解个大概。

笔者觉得,只要在谷歌的搜索引擎里敲进单词或词语,电脑有何本领便一目了然了。比如键入 type 一词,只需 0.16 秒(屏幕上有显示),我就会收到列表的第一页 2 780 000 000 条包含 type 一词的网页列表。这是在不到 1/5 秒的时间里我检索到的近 30 亿个网页的信息。如果键入词组 movable type,我会在 0.2 秒内得知大约有 15 100 000 个包含该词组的网页。如果键入短语“movable type”,可在 0.08 秒内知道有 8 个网页包含它,或者说,共有 8 个不同的网页包含该短语。谷歌还告诉我,很多网页是这 8 个网页的重复,网页总数为 40 个。

这是怎么做到的?难道真有一台计算机接到我的请求后,在不到一秒的时间里将互联网上所有内容都读了一遍,将我要找的信息收集到一起吗?

非也。谷歌使用的招术比这高明,但也同样惊人。谷歌一刻不停地搜集网页,网页一做出来,它就搜集进它的数据库里。每获得到一个网页,谷歌会为这个网页上的所有单词制作一个表格,把这些词汇添加到一个按字母排列的索引中;该索引里的每个单词都有一个唯一的地址,指示包含该单词的网页。所以,咱们简单点说吧,这个索引里的 type 一词已经挂了 2 780 000 000 左右的网页数。在实施搜索之前,该词条及其索引已经存在,所以只需用 0.16 秒,计算机便会告诉你它“知道”的东西。“movable”一词在该索引比“type”一词靠前,约有 25 000 000 个网页数。如果分别键入“movable”和“type”两个词,不加引号,则谷歌会比较两张列表的 2 780 000 000 个和 25 000 000 个网址,单独生成一张将两张列表都包含的网址列表,也就是说只含有这两个词的网页。如果加引号键入的“movable type”,即是说搜索者只想查找两个词并列在一起的网页:“type”紧跟“movable”。这时,在索引生成阶段收集的第二信息块开始发挥作用。索引除了把词条“movable”存储第 12 号文档里,还要保存该词条在该文档的位置,即位置 31。所以,你可以想象,索引中的“movable”是一串(D12,31)形式的索引项,内含文件号和位置号。“type”的索引项可能包含参照值(D12,32)。比较两个索引项,谷歌便知道词组语“movable type”位于文件 D12 之内,这两个词的位置分别在 31 和 32,在你搜索短语时,它会将 D12 的地址加入列表。

有人闲来无事,发明了一种利用谷歌搜索引擎的游戏,称为“Googlewhacking”。该游戏内容是在谷歌搜索引擎上查找搜寻,看哪两个词条在谷歌的海量数据档案中只能搜到一个网页。比如,“onetiming”和“lemming”这两个词,仅在一个曲棍球的留言板上出现过一次。你也许会想了:Googlewhack 的玩家有自己的网站公布他们的新发现,所以,一旦新发现贴在网站上,它就再也不可能只得到一条搜索结果了,顷刻间两个网址都有它,一个是原来的,一个是 Googlewhack 的网址。但是,谷歌表现得很大度,把玩家找到的只有一个搜索结果的网页从索引编制中剔除了,因而避免了自相矛盾。

70

“无穷大”也分大小吗？

大多数人在理解“无穷大”这个概念时就煞费脑筋，没有想过无穷大还有大小之分。其实，数学家们经常和无穷大的“(大小)尺寸”打交道；每一种无穷大都“无限”大于小一些的无穷大。大多数人都认为“无穷大”不就是从1开始一直不停地往后数，数得的那个数吗？说某个数都比这个无穷大还大(或许数到永远还要数)，这不是很荒谬吗？数学家们尝试用一种方法来揭示更大的无穷大数是存在的，这个方法就是叫“双射”，也就是一一对应。

假设能把所有整数(1, 2, 3, …)排列起来，一直排到“无穷大”。(这是本篇最后一次给该词加上引号，接下去笔者使用该词，意即它是一个笔者知道并非实际存在的数。希望读者接受这一点。)如果现有另有一组数，比如分数，我们可以把两组数一一对应起来，一直对应到无穷大，使得每个整数都有一个分数与之对应，同样每个分数都有一个整数与之对应，而后可以说每个集合包含了相同数目的元素，因此它们是相等的无穷大。

相反，如果一组数不能一一配对，整数未剩下足够的数与另一组数一一配对，那么就不得不说，由那些数构成的全集的无穷大，要比由整数构成的无穷大更大。

先来看看分数。说分数和整数的数量一样多似乎是不可能的。毕竟，两个整数之间，如1和2之间，会有很多很多分数——$\frac{3}{2}$，$\frac{4}{3}$，$\frac{6}{5}$等等。但是，如果按唯一顺序将所有的分数排成一个无限长列，那么像整数817就可以与该队列中的第817个分数对应起来，每个分数会和唯一的一个整数对应，而每个整数也和唯一的一个分数对应。(结果整数只是这个无限长列的一部分，原因是：比如，整数4可表示成分数$\frac{4}{1}$，是分数列的一个数。)

下面说说如何安排这个分数列。将每个分数的分子与分母相加，然后把得到的结果 s 按升序排列。(如果分数的分子是负数，忽略负号。)这样，分数 $\frac{1}{2}$ 的相加结果 s 等于 3；分数 $\frac{2}{3}$ 的 s 等于 5；分数 $\frac{11}{17}$ 的结果 s 等于 28，以此类推。其中有一些分数的相加值 s 是相等的，但因为我们唯一的目的就是生成一个长长的排序表；我们可以设置一条规则，让它明确告诉我们将分数按哪个顺序排列。该规则可以这样设定：如果几个分数的 s 值相等，则我们按分母的升序来排列这些分数。例如：有 7 个分数——$\frac{-4}{1}$，$\frac{1}{4}$，$\frac{2}{3}$，$\frac{3}{2}$，$\frac{4}{1}$，$\frac{-3}{2}$，$\frac{-2}{3}$，其 s 值都等于 5，按上述规则，以各分数的分母从小到大的顺序排列，得到 $\frac{4}{1}$，$\frac{-4}{1}$，$\frac{3}{2}$，$\frac{-3}{2}$，$\frac{2}{3}$，$\frac{-2}{3}$，$\frac{1}{4}$。现在顺次给新排列的这个无限长的分数列表中的每一个分数编号，以便每个分数都与一个整数配对，直至无穷大。

每个分数在列表中占唯一的一个位置，与一个显示其位置的整数相配。不会漏掉任何一个分数，也不存在没有与分数配对的整数。所以，如果把配对的两个无穷大数列中的数目放在一起对比一下，两个数目是相等的。

好了，也许下面的表述我们可以接受：所有事物的无穷集合都有相同的数目，尽管就分数而论，它们好像不该是这样。怎么可能有比整数无穷大更大的无穷大集合呢？

德国数学家康托尔(Georg Cantor)发现两个数集不能像上述的整数和分数那样一一对应起来。康托尔通过假定两集合能够一一对应，而后发现矛盾。如果你的立论是所有天鹅都是白色的，那么别人只需找到一只黑天鹅，你的立论就不攻自破了。(参见第 22 页)

康托尔用于比较的一个数集是自然数（也叫正整数)——为上文使用过，另一个是实数集。实数就是在数轴上从 0 到无穷大的所有数，所以实数包括所有的整数和分数，还有无理数——无理数不能用分数表示，也不能表示为整数的比(ir-*ratio*-nal)(见第 49 页)，但可以表示为一串连续不断的小数。分数也可表示为小数，到了若干位之后，其余位均计为 0，所以 5/8 和 0.625 000 000 00 是一样的，但无理数 17.382 794 629 009 628 356 876 48……里的小数位是一直延续下去的。

为证明实数不能和整数一一对应，康托尔指出，不管将实数如何像上文里的分数那样排成有序的列表，你总能找到在列表中没有的实数。

他是这样推论的。假设我们有一张所有实数的列表(一个无穷大数)，并设定一条规则将它们排序，可以得到如下列表：

表 3：一张假设的所有实数列表

整数	实数
1	7.272 865 490 108 8…
2	2.070 990 382 975 6…
3	18.696 243 576 675…
4	0.871 745 463 889 2…
5	3 834.202 020 302 0…
6	0.676 668 292 008 2…
7	3.141 626 987 356 2…

不管拿规则什么去套，这个列表都有些让人费解，不过没关系；只要我们认定能将每一个实数都分配给一个我们知道且喜欢的整数，最终会得到一份类似的列表。

现在，你可以把这张列表拿给我看看，说你找到的规则是任何人能想到的实数都已列在其内，以至无穷，因此，实数之无穷和与之一一对应的整数之无穷是一样的。但是，不管你拿出什么样的列表，我都能造出一个上表中没有的实数来。

为简单起见，我们就看看上表各数的小数部分，因为它不会改变命题。

我会造一个小数，小数点后的首位数和表中第1个数小数点后的首位数不同；第2位数和表中的第2个数小数点后的第2位数不同；第3位数和表中第3个数小数点后的第3位数不同，以此类推。

笔者使用上面的列表里的数，造出了新数0.394 250 1…，省略号表示该数的位数无穷，和大多数实数一样。现在，笔者可以证明，不论你设什么规则，我造的这个数都不在你的列表中，因为它和表中的每个小数比较，至少有一位是不同的。它就是“黑天鹅”，能证明最初的命题——所有的实数和所有的整数一一对应——是错误的。两种无穷——实数的无穷和整数的无穷——是根本不同的。由此，康托尔创立了一个全新的数论分支。要是有人告诉你，数学家认为无穷大不光有两个“尺寸”，还有更多尺寸，你或许就不会感到惊奇了。其实有一个无穷大的数，而绝妙的是，这个无穷大比他列举的任一无穷大还要大。

74

网络漫游与贡献

最近几年,笔者曾参与多个科研项目的计算工作:搜寻地球外的智慧生命、寻找超大素数,以及检验线性公式中用于预测蛋白质分子的三维形状的算法。

他们之所以请我参与范围如此广泛的重要科研课题,不是因为我的才智和能力,而是因为我有一台个人电脑。

负责这些科研项目的科学家——负责约十几项, 想充分利用隐性资源,具体说就是总计数百万小时中的利用不足的计算时间,增加他们的计算机数量,这样就能执行海量的运算工作。可以说,我们的个人电脑大部分时间是闲置的, 即便我们坐在电脑前。最早利用隐性计算时间的项目是SETI,SETI 意为“寻找地外文明”(Search for Extraterrestrial Intelligence),它有一套设备连着设在波多黎各岛上的一台巨型射电望远镜,每天接收海量的太空无线电数据。数据像是一种“白噪声”,是恒星和星系随机发出的,不过科学家希望有一天能在这噪声里发现来自地球外文明的信号,那信号一定有规律,而非杂乱无章。家用电脑的用户从网上下载一个简单的软件,就可以帮助分析这些数据;数据会定期发送给每个参与者。你要是参与这项工作,就可以在软件执行分析的时候观察计算机,想象一下你的电脑忽然盯住一个有规律的信号,向 SETI 发送信息,一举震惊世界的时刻吧。

这是个十分高明的主意。其他有大量数据要处理的科学家也采用这个办法,处理这些数据无需复杂的软件,一台普通的家用电脑就够了。

至少现在,你得向一个项目申请,下载软件才能参与。不过,笔者碰到过一种使用你我电脑的独特方法,不需要我们许可,也不需要我们知道。你可能注意过,有时候与某网站联接时,网站要求你读出屏幕上一个扭曲变形的单词或一组字母。这是为了确定是有人想使用网站,而不是某个电脑程序,伺机以某种方式滥用在线服务,比如大量购买音乐会门票,然后高价倒卖。那些单词或字母组叫 CAPTCHA,是"全自动大众图灵人机分辨测试"(Completely Automated Public Turing test to tell Computers and Humans Apart)。

近来又出现一种新的 CAPTCHA 使用方法，它是书籍数字化与文本上网项目的一个成果。过去,这是个劳动密集型工作,全靠人边读边录入。后来发明了一种高效方法，就是使用光学字符识别（OCR,Optical Character Recognition)软件,它可以高速自动读取书籍内容,并转成可进行字处理的文本。但是,书籍越古旧,电脑读取就越不容易。一本维多利亚时期的小说,小字印刷,纸张已经发黄起皱;用人去读不成问题,但让电脑读取就很麻烦。

这时 CAPTCHA 可以大显身手。每天,人们访问网址时,要在电脑上输入上亿次 CAPTCHA。匹兹堡的卡内基-梅隆大学的计算机科学家们已经向人们演示如何不费吹灰之力就能解决电脑在古旧书籍数字化时不能读取文字的问题:说服一些网站将那些不识别的单词当作 CAPTCHA 使用。科学家采取这个方法,再加上合适的保险措施来确保不同网站使用同一个词时读取结果准确,建成了一个实用便捷的系统来处理不清晰文字。在此之前,做这种活儿需要专业人员手工录入。将这个称作 reCAPTCHA 的系统和电脑光学识别作比较，科学家报告该系统的识别准确率达 99.1%，而标准的 OCR 识别率仅有 83.5%。项目运作一年后,网络用户竟在不经意间识别了近 5 亿个词,相当于 17 600 册书籍里无法辨认的词汇总量。

所以,下次某网站再让你读一个变形的、看不太清的字词时,你就尽力辨认吧,因为那不仅是给网上的世界文学宝库添砖加瓦,还有可能让你获得一张阿兹曼(Gilad Atzmon)音乐会的门票呢。

76

莫扎特包的巧克力

1890年以来，萨尔茨堡的市民一直都爱吃“莫扎特(巧克力)球①”(一种用开心果、杏仁做果心，外面包裹一层杏仁糖和黑巧克力的糖果)。这些小球按传统一直是用正方形或长方形的铝箔纸作包衣，这就意味着要使铝箔贴着巧克力球，包得密实、平整，就必须将多余的铝箔压皱，这样会浪费一些铝箔。

众所周知，数学家们素来偏好追求新知识、新认识，纽约大学的一对父子也是这样。他俩决心计算出能够包装莫扎特球的铝箔的最小尺寸。您想，有效地减少铝箔的用量，也就等于让糖果制造商节省了购买铝箔的钱。

目前使用的两种规格的包装铝箔——一种是正方形的，边长是2的平方根的π倍；另一种是长方形的，长宽分别是2π和π。(您瞧，在美国的父子数学家为“莫扎特球”想办法之前，早已有人对包装纸动了一番数学脑筋。)不论用哪种规格，包糖纸的面积差不多都要比巧克力球的表面积多60%，这样，1/3的铝箔要浪费掉。

难怪在剥了(或者是吃了)很多“莫扎特球”之后，两位数学家确信找到了节约铝箔的办法。他们计算的结果是：用一个等边三角形的铝箔来包裹，三角形的边长是巧克力球半径的5倍略少一点，这样就能完全包住它，且铝箔的用量比现在减少0.1%。有些人可能会觉得这点小算计何必动用他们父子俩的卓越才智。对此，父子俩争辩说，他们的发现说不定能帮助巧克力制造商降低碳生产，减小碳足迹②，“为解决全球变暖问题出点力呢。”

---

① Mozartkugeln，英文为“Mozart balls”，译为“莫扎特球”。——译者

② 碳足迹(carbon footprint)，标志着一个人或人群的“碳消耗量”。“碳”消耗得多，造成地球变暖的二氧化碳也制造得多，“碳足迹”就大，反之“碳足迹”就小。——译者

如果笔者告诉你生产正品“莫扎特球”的公司(有几个仿冒者)每年生产 140 万个巧克力球,你应该能算出下面这个费米问题(参见第 262 页):

如果工厂采用等边三角形包装纸,每年可以节约多少铝箔?

消防员假说

英国数学家哈代(G. H. Hardy)主要从事纯数学理论研究。他在《一个数学家的辩白》(*A Mathematician's Apology*)一书中试图消除一种认识——数学是个偏门儿,只有很少一部分人对它感兴趣。注意,他并没有尽力而为——在一篇有关数学的文章中他写道:“德国数学家兰道(Landan)关于数论的著作《讲义》(*Vorlesungen*),或者美国数学家迪克森(Dickson)的《历史》(*History*),那是套六卷本的巨著,绝对的博学深奥,读一读比吃早餐时浏览足球报道更有意思。”

哈代说,很多人喜爱国际象棋或桥牌,其实这两样游戏都包含数学推理,还有人喜欢做报纸上的谜语。要是哈代生活在今天,他写这类文字时一定会提起数独游戏①如何受人欢迎。

2007 年发生了一件感人的事例,说明不是数学家照样也会迷上数字。(待会你就会知道这事为什么感人了。)纽约市有一位名叫贝迪亚(Bobby Beddia)的消防员,他对一个朋友说:他刚过的生日有点特殊——他正好碰上了“生年”。他说的“生年”是指他当年的年龄刚好和他出生年的最后两位数字一样。贝迪亚生于 1953 年,2006 年他 53 岁。每人都可以算出自己的“生年”——我的生年是 1984 年。生在 1900 年或 2000 年的人,生年有点令人失望。

任意一年(2000 年除外)都会有两个年龄组宣称这是他们的生年,两个年龄组间相差 50 岁。所以,在 2006 年,除了 53 岁的贝迪亚,还有生于 2003

① 数独游戏是一种数学智力拼图游戏,18 世纪末起源于瑞士,后在美国、日本发展。数独游戏玩法简单,数字排列千变万化,不少教育者认为它是尝试动脑筋的好方法。——译者

年的刚好 3 岁的孩子。

这个“贝迪亚”年——有个数学家这么叫它,与数论颇为相像,乍一看是一个简单的问题,实际一深究,却能引出一些有趣但回答起来却不那么容易的问题。已知出生年,计算“贝迪亚年”很容易,但是反过来,譬如计算一下“贝迪亚年”在 2014 年的人出生在哪一年,可就没那么容易了。美国数学家齐普拉(Barry Cipra)对这个问题稍作深究,他想算出在任意给定年份的情况下,不够“贝迪亚年”的人的年龄范围是怎样的。计算出的结果是年龄段实际分为两个。以 2007 年为例,齐普拉发现,0 到 3 岁年龄段的婴幼儿和 8 岁到 53 岁的人群在这年未达到“贝迪亚年”;其余年龄段,即 4 到 7 岁的人群和 53 至 99 岁的人群——都过了“贝迪亚年”。这个问题倒不需要高深的数学技能,不过需要费点脑筋,摆弄两组数——年份和年龄,还要考虑到有些人是跨世纪生活的。

齐普拉很可能穷尽了“贝迪亚年”的种种更深层次的可能性,不过连他本人都觉得不可思议,如此一个简单的问题,怎会引出一两个复杂的问题。可惜,贝迪亚自己从未读过数学家借着他的发现做出的研究成果。就在他的“贝迪亚年”到来前一个月,他在世贸中心遭恐怖袭击现场附近的一座闲置的办公楼里参加灭火,不幸牺牲。

纯属巧合

一次,有人问英国数学家李特伍德(Jack Littlewood),他经历过的印象最深的巧合是什么,李特伍德写道:

> 一个女孩沿着伦敦的沃尔顿大街走,她要去看望在 42 号打工的妹妹弗洛伦斯·罗丝·达尔顿(Florence Rose Dalton)。她走过 40 号,来到 42 号,那儿刚好有位叫弗洛伦斯·罗丝·达尔顿的厨娘(当时外出度假两周,她的妹妹替她上班)。不过,那所房子是在奥文顿广场 42 号(广场的出口和路的宽窄一样),沃尔顿大街 42 号是紧挨着这所房子的另一所房子。(我当时就在奥文顿广场的那所房子里,当晚听说了这件巧事。)

很多人都经历过或碰到过这类事,不由得不相信这些事件的背后还隐藏着某种深意。其实,人们为此惊奇,常常是因为不了解事件的全貌,或者不懂概率知识。

先说第一种情况:如果有人打电话给你,一口说对了即将开始的赛马冠军,一周后又打电话给你,再次说对了冠军是谁,你有可能经不起诱惑,在接下来的一周采纳他的意见,下注第三个冠军。但是,假如我告诉你,此人在第一周比赛前已经给 100 个人打过电话,如果有 10 匹赛马,他就向每 10 个人说每 10 匹赛马的名字。然后打电话给第一场赢家的 10 个人,再一个一个告诉他们第二场比赛的每一匹马的名字。这样,100 人里肯定有一位,比如是你——连续两次得到冠军的消息,你就可能大受诱惑,有意买第 3 周他预测的那匹赛马冠军,即便赌赢的机会只有 1/10。

有一则“诡异的”巧合事件常被人们提起，主要和一部写于1898年的小说《泰坦号海难》(*The Wreck of the Titan*)有关。书中描述了一艘名为“泰坦号”的轮船，在4月首航时撞上冰山，沉没海底的故事。14年后，“泰坦尼克号”于4月首航，结果与一座冰山相撞，之后沉没，共有1500人丧生，一个原因是没有足够的救生艇。小说里的“泰坦号”海难近3000人丧生。

这种巧合看似不可思议，其实发生的概率很高。假如你想写一篇发生于1898年的轮船失事的小说，需要起个船名，找条航线，设计失事原因，还有想象其他一些细节——比如遇难人数众多、非同寻常的航程等——这样写出来的效果比一般的海难更有戏剧性。“泰坦尼克号”遭遇的事件细节，正好符合小说挑选的细节。首先，船应该是大船，还必须有一个当之无愧的名字。“庞大”(Gargantua)、“巨大”(Giant)、“粗大”(Golossal)、“极大”(Huge)等词儿用于船名，显得有些傻气，得找带点儿神话色彩的词儿，比如“泰坦”(Titan)——我不知道这个是否带点神话色彩。如果是条巨轮，还有英国和美国的乘客(作者就是为英语图书市场写的)，那你不会选择跨太平洋、跨印度洋的航线，在大西洋上航行基本是当然之选。大西洋里最有可能造成船只失事的是什么呢？是冰山。每年什么时间冰山最危险呢？4月。

通常我们听到或读到一些惊人的巧合事件，我们得到的版本为了语出惊人的戏剧效果，或是为了蒙骗听众，都经过了添油加醋的修饰，增添很多不实之词。下面这则故事摘自《读者文摘》杂志社(Reader's Digest)出版的一本题为《神秘诡异事件集粹》(*Mysteries of the Unexplained*)的读物：

> 20世纪30年代在底特律，一个名叫费格洛(Joseph Figlock)的男子正沿着居民区的一条街道行走，这时一个婴儿从一个两层楼的窗户坠落，砸向费格洛，费格洛接住了婴儿，结果他和婴儿都无大碍。自那天起整一年，费格洛又走在那条街上，还是那个孩子又从同一个窗户坠落，再次砸向费格洛，他又一次把毫发未损的孩子归还给其母亲，而他自己也又一次毫发无损，继续走他的路。

如果这是真事,简直太绝了!可事实并非如此。读一读 1938 年 10 月 17 日的《时代周刊》,上面是这样写的:

> **底特律的巧合**:清道工费格洛正在清扫某条小巷时,忽然一个婴儿从一个 4 楼窗户坠落,砸在他的头和肩膀上。费格洛受了伤,婴儿伤势严重,但没有死。就在两周后,费格洛打扫另一条小巷时,2 岁的托马斯从 4 层楼窗户坠落, 又砸在费格洛先生身上,结果跟上次一样。

并非同一个孩子, 并非同一扇窗户——而那则故事里正是这两个元素,令整个事件不可思议。不过至此,这事儿还不失为一次非同寻常的经历, 但是考虑到费格洛先生的职业就是整日走在芝加哥的大街小巷里,如果有孩子坠落会砸到什么人的话,自然更有可能砸到他头上,而不是砸在一天到晚待在室内的接线员头上。

亲身经历的巧合对当事人可能造成非常强烈的影响,特别是不懂统计学的人。加德纳(Martin Gardner)举了一个未经加工过的例子,解释了为何做梦预见的事情会成为现实:

> 譬如一个女子梦见她姑妈玛丽死于一场火灾,在同一个梦境中,玛丽姑妈的丈夫跳窗逃生,结果摔断了一条腿。几天后,下列事件中有一件发生了:玛丽姑妈病故,她丈夫在交通事故中断了胳膊,或者邻居家失火了。如果玛丽姑妈去世,做梦者会告诉朋友,几天前她就梦见姑妈死了;如果姑父摔断了胳膊,做梦者可能会回想起她梦见姑父骨折,她不能确定是腿还是胳膊,但她觉得应该是胳膊;如果附近真有哪家的房子着火,做梦者自然也会想到梦里的火灾。而同一个梦里的其他事情,那些可以拿来说事儿的事情则全都忘掉了。

有一次,笔者去剑桥大学三一学院的图书馆,正好从书架上取下一本书,书里有一张轻歌舞剧演员森拉柏(Senrab)女士的照片。我拿给身旁的一位同事看,问他有没看出森拉伯这个名字有什么奇怪之处,他说“没有”。我说,“森拉伯”这个英语名字倒过来念不是“巴内斯”(Barnes)吗。不知森拉柏女士有否把她的名字倒过来念过,产生一个有点异国情调的名字。尔后,我说,“华盛顿有条街叫‘坦洛’(Tunlaw),倒过来念就是‘核桃’(Walnut)。”这时,从旁边一张桌子传来一位年轻的美国女士压低的嗓音:“我就住在坦洛街!”最叫绝的是,我的同事就住在巴内斯。

这类巧合中通常会产生两个问题。其一:如果这不只是一连串偶然事件聚合的结果,那其中的目的又是什么?至于梦见大灾难,似是预见未来的梦境,也许可以帮人们消灾避难,但是笔者还从未见过凭着某个空难的梦境,去开展飞机安全大检查、发现引擎有毛病的事。至于其他那些不那么引人注目的事件,比如我的图书馆经历,零星发生的事件组合就更没有值得信赖的用处。比如,那位住在坦洛街的女士并不是我失散多年的亲戚[虽然我的外祖父真的曾在宾夕法尼亚州哈里斯堡市栗子街(Chestnut)住过]。

其二:在我们生活的世界里如果没有这般巧合,又会怎样?有人会注意到吗?答案是:会的。有一个情况令科学家和数学家百思不得其解,那就是:虽然概率计算表明这样的事应会常常发生,但就是会缺失与随之而来的事件有依稀相似点的梦境或者小说。这类事件的缺失比存在更需要人们去解说。

名正才言顺

我们对数的名称太熟悉了,很难想象人类在最初想到计数的时候是个什么情况。人类学家盖尔(Alfred Gell)曾这样描述生活于巴布亚新几内亚的乌美达(Umeda)部落的孩子们刚开始学数数时的情景:

> 孩子们终于开始理解数的基本知识了。那天下午真让人喜不自胜,我就在现场,是亲眼所见。孩子们懂了:可以用数数任何东西。放学后,他们三五成群地到处跑着,兴致勃勃,反复运用刚学到的知识:数房舍的柱子,数狗,数树,相互数手指头、脚趾头——数真管用。

我们使用的数名是按十进制定的。大家一般都知道数字从十到十几,从100往后的叫法,也知道这和十进制的关系。人类学家在考察了世界各地不同人群的智力和技能时发现,虽然10是发达国家使用的基数,但是其他地方的人们却给自己设定了不同的进制,他们使用其他数作为基数,多得令人眼花缭乱。

有用2作为基数的。澳大利亚的古穆尔伽人(Gumulgal)、南美的巴卡伊里人(Bakairi),还有南非的布须曼人(Bushmen),他们用一个词称呼1,另一个词称呼2,用这两个数作基数。所以古穆尔伽人从1开始数数,就说"1,2,1-2,2-2,2-2-1"等等。

2之外,最见的基数是5。生活在北美的祖尼人(Zuni)使用一种传神的计数系统,用一只手的5根手指计数。他们的数词翻译过来就是:

1. “当作开始”

2. “记下加上”

3. “平分的手指”

4. “所有手指都用完了再用它”

5. “去掉切痕”(应该是拇指)

但并非所有以 5 为基数的记数体系都用手指。南美的阿比波尼斯人(Abipones)用“geyenknate”,即鸸鹋的脚趾,表示 4,因为鸸鹋有 4 个脚趾;用“neenhalek”即五彩的美丽皮肤,表示 5。

使用 2、5 或 10 这样的小基数,虽然记数颇显笨拙,但是想数多大的数就数多大的数,数起来也很容易。另一个常见基数是 20,就是手指和脚趾加在一起的数。巴西的加勒比人(Galibi)把 20 说成“poupou patoret oupoume”,意为“脚和手”。但有时候,人类学家还会遇到更麻烦的基数。新几内亚的基瓦人(Kewa)用 47 作为记数的基数。他们细数周身的部件——先是身体一侧的手指(包括拇指),拇指根,再到手掌,经过手臂、脖子、眼睛和眉眼间,顺次数到身体的另一侧。该计数办法的优点是,指着身体上任何部位你就可以迅速表达从 1 到 47 内的任意一个数。

很难想象人类学家在收集这些有趣的数据时,受访的当地人是怎么看他们的,不过我们会偶见一二。

法国人类学家拉比亚尔迪埃(Houton La Billardiere)一次乘探险船去汤加,因为船只搁浅,他不得不跟汤加人共同生活了一段时间。他充分利用了这段时间。当地人用来表示大数的单词令他极感兴趣;他发现汤加人的单词很多,就把它们仔细记录下来。汤加人用一些特殊的词汇表达大数,让他大感意外,诸如 10 000 000 这个数,他们读作“laoalai”,而 10 000 000 000 这个数读作“tolo tafai”。他对这种大数的简单表达作了如下解释:“我们可以想一想,一群人经常数山芋,动辄 1000、2000、3000,成习惯了,再能找到简化计数的办法,那他们肯定算得上是不错的计数员。”

不过,后来有一位汤加语水平较高的人类学者说:汤加人是和拉比亚尔迪埃开玩笑呢。他们说“10 000 000”的那个词,实意为“包皮”;说“10 000 000 000”的词,实意为“阴茎”;其他数词也都有开玩笑的意思。最后那个数是拉比亚尔迪埃能想到最大的数,汤加人称作“ky ma ow”,后来才弄明白,这话的意思是“我们说什么你就信什么”。

哎,想想汤加人晚上该不会笑成一团吧?

第三部分

花鸟鱼虫

单叶还是双叶？

在剑桥附近的格兰奇斯特有一座教堂，它的祭坛周围铺着马赛克地板。地板上有花的图案，它们交替出现，排列规则。一种花型是6瓣的百合花，另一种是5瓣的玫瑰花，它们是格兰奇斯特教堂的资助者——剑桥大学圣体学院的徽章。你从旁边飘然走过，很可能不会多看它一眼——不就是两种花嘛，也许是工艺家们信手拈来的呢。但是，巧了，这两种花还有它们的花瓣数代表了一种对花卉植物最基本的划分方法，划分方法是植物分类的关键。

这种特别的分类方法与许多对自然界的分类方法不同，它很晚才被注意到。几千年来，人类都在种植、采摘、观察植物，但直到17世纪，这一特殊的分类法才被一位叫雷(John Ray)的科学家所注意和描述。雷观察到，花卉植物尚在幼苗期就已经存在细微而根本的差异。他在寄给尚为雏形的英国皇家学会的一篇论文里报告说："绝大多数植物破土萌芽时都有两片叶子，和其后来生长出的叶子数大都不同……植物的子叶就是种子的内子叶。"尔后他又提到少部分植物，"其种子破土萌芽时的子叶数与后来生长时子叶数一样……它们的浆果也不会分化出子叶。"

雷观察到的这两类植物幼苗，其中种子萌发出一片子叶的植物称为"单子叶植物"，而种子萌发出两片子叶的植物称为"双子叶植物"。现在，植物学家在探讨植物分类时，为轻巧上口，他会称其为"单子叶"(monocot)和"双子叶"(dicot)。英语中cot是"子叶"(cotyledon)的缩写。园丁从洋葱萌发长出仅一片长长的子叶，卷心菜萌发长出两片子叶，就可以断定洋葱种子是单子叶，而卷心菜种子是双子叶。

换个角度，人们长久未能发现这一基本的划分方法也不足为奇。双子叶植物约有 250 科，单子叶植物约有 50 科。如果你仔细观察两类植物的成株，就会发现它们几乎没什么共同点。单子叶植物包括百合、灯芯草、苔属植物、禾本科植物、鸢尾属植物、兰草和棕榈树等；双子叶植物包括金银花、向日葵、毛茛科、芥菜、锦葵属植物、报春花属植物、草夹竹桃属植物、金鱼草、薄荷和天竺葵等。两类植物的不同特征，需要你手持放大镜，屈膝下蹲仔细观察植物各部位的形状才能看出来。

其实，这两类植物在人类生活中发挥的作用就很不一样。一位植物学家指出："靠风媒授粉的单子叶植物是人类赖以为生的植物。"我们吃的面包、麦片粥、大米以及喝的啤酒都来自单子叶植物，而这些食物的原料都是谷类植物；谷类植物靠风媒授粉，它们和一身锦簇的花卉植物(参见第 91 页)一比其貌不扬，因为前者不需要招引授粉者传播花粉。

植物的根、叶和花，甚至构成植物维管体系的微小管道的分布排列等等，都和这最早可见的差异(萌芽时是单子叶还是双子叶)有关系。另外，还有一个很容易看到却长期被忽视的特征来区分两类植物。单子叶植物的花有 3 片或 6 片花瓣，而双子叶植物的花有 4 片或 5 片花瓣。因此，格兰奇斯特教堂地板上镶嵌的百合花有 6 片花瓣，是单子叶植物，而玫瑰花有 5 片花瓣，是双子叶植物。

花的能量

花、鸟、虫三者的关系,一般人都多少知道一些。植物开花是为了引诱昆虫、小鸟等小生命飞落花上,这样含有植物精核细胞的花粉就能粘在它们的腿上和身上,带给其他植物的雌蕊,使其授粉。花儿的任务就是用鲜艳的视觉展示与源自花蜜的诱人气味作为诱饵,吸引虫、鸟光顾。不过,植物不同,引诱的招数也不相同。

2007年的一项研究结果显示:不同植物为了最大限度完成授粉,使用的招数有细微差别。有一种叫渐狭叶烟草的植物比较特别,它诱人的花蜜里含有烟碱(尼古丁)。康奈尔大学的一个科研小组感到大惑不解,为什么要添点尼古丁惹它们生厌,赶它们走呢?这种花烟草的主要传粉者是天蛾和蜂鸟,它们都不喜欢烟碱的气味。

研究者发现,花烟草在吸引某些小动物的同时,也必须赶走别的动物。比如有些毛虫喜欢以花朵为食,那是必须赶走的;还有一些蜂为了取花蜜就从花的侧面打洞,临走一点儿花粉都不沾在身上,也必须赶走。

关于花儿的最后一点:花朵必须有诱惑力,但不能太过头。例如,有些兰花没有花蜜,主要依靠开出缤纷美丽的花朵来吸引授粉者。研究者给兰花抹上一些花蜜后发现,担当授粉员的昆虫在单株兰花上停留的时间延长,这样其他很多花朵就不能授粉。因此,植物太有诱惑力,反而会降低授粉的效率。单个昆虫或小鸟在一朵花上停留的时间越长,为其他花朵授粉的次数就越少。

那么,上述这些因素又怎么解释渐狭叶烟草的特点呢?研究者决定控制两种关键物质,也就是花蜜的芳香气味和讨厌的烟碱味道的比例。他们通过改变基因,培育出烟草的若干个变种,有的没香味但含有大量烟碱,有的香味浓郁但不含烟碱；然后他们将这些植株放在外面，等授粉者光顾，观察哪些昆虫和小鸟去采哪一株花烟草，停留多长时间。

研究发现，大自然中有既芬芳又含烟碱的结合物，是大自然实现其目的的绝佳搭配。科研人员说，这种烟草展现了又“推”又“拉”的策略。败花的天敌遭到驱赶，而授粉鸟、虫被吸引过来。除了驱赶天敌，烟碱因为气味特别难闻，即便是授粉者也只能在花上做短暂停留，这样一天之内，它们可以给更多的花朵传粉。

我们的近亲——丝盘虫

直到最近二三十年,人们都是先比较动物的体态、大小等直观特征,再比较骨骼和器官,尔后才推断在动物王国里谁跟谁是亲戚。这种方法属于形态学范围。不过,自从人们认识到基因里的DNA携带了构造一个生物体的每个元件的信息之后,遗传学革命就在不同生物亲属关系的研究上取得了令人惊讶的发现。这里所说的"关系"是指某些动物在生命之树的相同或相邻的枝杈上离得有多近。生命树就是一幅图,上有主干、枝干和枝杈;构成该图的主要依据是生物学和化石研究的成果。

达尔文(Charles Darwin)写道:

> 那绿色的生芽的小枝可以代表现存的物种;往年生长出来的老枝可以代表一长串先后而生的已经绝灭的物种。在每一生长期,所有生长的小枝都努力向四围分枝,并遮盖和弄死周围的新枝和枝条;同样,物种和物种群在为生存的斗争中,无时不是在力压其他物种。

生命树上的"小枝"代表现在仍然活在地球上的物种。两个相邻小枝上的物种在生物特性上要比其他远离的小枝上的物种更接近——通常也长得更像。

过去20年,人们试图在这棵生命树上将不同物种摆放在该放的位置,这项工作越来越多地运用了基因分析技术。简单地说,两个物种的基因组越是接近,它们在生命树上的位置也就离得越近。间或有这样的情况,使用该项技术所得的结果,推翻了传统上已经认可的物种关系。拿它来分析鸟类，比如鹮鹳鸟吧，以前人们认为这种鸟和潜鸟是亲戚，但现在知道了，它实际上和火烈鸟更近。欧夜鹰是一种性情木讷的棕褐色鸟，现在却与闪闪发光的小蜂鸟是表姐妹。再如鹦鹉，它与鸣禽的关系要比从前人们认为的更亲近。

一些研究者已开始运用这种技术探寻人类和其他生物之间的亲缘关系。人和黑猩猩之间的亲缘关系较近，譬如，人和黑猩猩的某些最关键的基因段的相同程度达到99.4%。人和猿是近亲，这一点也许并不让人觉得意外，因为单从古老的形态学论证看，这种亲近也是明显的。但是，近期使用基因技术所做的研究显示，人类还有一个近亲，而这个近亲太超乎人们的想象，无论是形态、结构比较，还是生理学、解剖学的共性比较，都从未指示过这种生物和人类是近亲。什么东西？丝盘虫！

丝盘虫是动物王国的一员。据加州大学遗传生物学家洛克萨尔(Daniel Rokhsar)研究，丝盘虫的基因组，也就是全套生物染色体，似乎“与人类基因组惊人地相似”。洛克萨尔之所以语惊天下，一个原因是这丝盘虫同其他生物一样，与人类一点不像。它的英文名叫“黏毛盘”。要是在动物园或水族馆里正好有一只丝盘虫在你旁边，想必你不但不会认它作亲戚，恐怕看都不会看它一眼。

丝盘虫长约1毫米，体内仅有4类细胞。人类基因在胚胎形成时构造的器官和系统，它一样也没有，没有胃、没有肌肉、没有神经、没有生殖腺，甚至连脑袋也没有。它像阿米巴虫一样滑行，滑过藻类时，靠其表面细胞释放的消化酶来分解藻类，获取食物。

那么，究竟是什么东西让它出乎意料地更像人类呢？

洛克萨尔和同事的研究结果是：丝盘虫有一个由11 514个基因构成的序列，其中含有很多人类等复杂生物所具有的基因。生成身体部件的基因，丝盘虫没有；生成哺乳动物体内协调不同细胞特殊功能的蛋白质所需的基因，丝盘虫也没有。不知何故，成为复杂生物的基本内容的遗传信息，却在丝盘虫这等古老的生物身上存在。

遗传分析还澄清了另一个问题。有些生物学家认为，丝盘虫算是生命树上最古老的树枝，其实，它比另一个参选最古老树枝的候选者——栉水母要年轻。栉水母家族的外形比丝盘虫更有趣，它的成员包括海醋栗水母和带栉水母。带栉水母是一种微微发光的彩虹色生物，能长到一米半长。

这种技术叫做“植物遗传学”(phytogenomics)，虽然尚在初始阶段，但今后若干年，那棵生命之树很可能会经历更多的剪枝嫁接。

96

既是动物，又是植物，还是美味

你在享用希腊式烤蘑菇或块菌煎蛋时，可能以为自己吃的是蔬菜，其实你错了。蘑菇和块菌都不是蔬菜。多年来，人们一直认为真菌是植物，是蔬菜王国里的特殊成员。但是现代科学证明，真菌不是蔬菜。

人类描述记录在案的真菌有 56 000 多种，包括在脚趾缝里生活的让人恶心的病菌，也包括美味的蘑菇。自从有了人类，真菌便以多种方式在人类历史上留下印记。有人认为，奇异的"法老的诅咒"是一种蛰伏在埃及古墓里的长寿真菌，考古学家一打开墓穴，它就活跃起来。在中世纪，有一种污染黑麦的真菌——麦角菌，能使人畜发疯。土豆枯萎病也是真菌造成的，这种真菌在 19 世纪摧毁了成千上万的爱尔兰人的生活，他们要么被饿死，要么背井离乡。还有一种寄生在葡萄上的根瘤蚜真菌，曾重创法国的酿酒业。

不过，真菌对人类的享受也是有贡献的。没有真菌，面包就不能发酵；很多真菌本身可以吃；还有些真菌能将羊奶变成羊乳干酪，将白软干酪变成卡门培尔奶酪[①]。还有，特异青霉（*Penicillium notatum*），也是一种真菌，世界上第一种也是最常用的抗生素就是从它那来的。

这些生物和植物、动物一样，在相同的环境里进化发展，履行不同的职责；而它们的作为对于周围生物的生存具有十分重要的意义。例如，一种生长在某些野草里的真菌，可以监视草叶的健康状况。如果一片草叶有生病的征兆——比如缺水或缺乏养料——这种真菌就会在这片叶子和其他紧邻的健康叶子之间搭起一座桥，为它输送水或食物。还有一种真菌同某些树种和松鼠构成了三方关系。真菌长在树根部，能让树根从土壤中收集养

① 法国北部一称为卡门培尔（Camembert）的村庄盛产的软质乳酪，味道浓郁。——译者

分,同时,真菌长成的蘑菇被松鼠吃了后,又通过粪便将真菌散播到其他树木上。

科学家不再凭生物体的外形特征安排它在生命树上的位置。复杂的DNA分析技术(参见第192页)的发展,让人们看到了真菌和植物的诸般区别。真菌的细胞壁没有纤维素,而植物的细胞壁有纤维素;真菌承担消化功能的化学物质与植物中承担消化功能的化学物质也不一样。

对真菌所做的DNA分析显示:自然界存在三界——动物界、植物界和真菌界——它们早在10亿年前就从共同的生物祖先那里分立门户,自成一体。真菌至少可分为8个特征鲜明的系,称为壶菌的水生真菌、做面包用的酵母菌、青霉、植物锈菌、蘑菇和毒蕈等。真菌也像动植物一样种类繁多,让人眼花缭乱,从小到显微镜下才能观察到的酵母菌,到巨型菌都有。据记载,最大的食用真菌是大马勃,将它切成薄片放在黄油里煎一下即成美味。最大的大马勃周长2.6米,能产生上万亿个孢子。孢子就是遗传物质,可以生出更多的大马勃。据此稍作计算可知,一只巨型大马勃释放的孢子能让若干个星系的无数星星全有大马勃的子孙。

有一种名叫“奥氏蜜环菌”的真菌可以长得很大,占地1500英亩[①],重达几百吨。美国华盛顿州的一个奥氏蜜环菌据说已存活1500年,它的每个细胞都具有相同的DNA。这种真菌类是单体活物,是地球上最大的生物体,比蓝鲸和美洲红杉还大。

① 1英亩相当于4046.86平方米。——译者

谁发明了轮子？

轮子是人类的一项独特发明，没有哪种生物能最终进化到拥有一套轮子。轮子是自然界里十分有效的移动手段。有人说，火蜥蜴算是轮子在自然界中的一个例子，因为它的身体可以卷起来，像一个橡胶轮胎似地滚下山坡。还有一种毛毛虫，也能卷成车轮的样子。不过基于这一点，我们可以说，世界上第一个使用原木作滚轴移动大石头的人，应该是轮子的发明者。但是，关键的领悟在于制做出了轮轴，这样可以将物体长距离移动，而不必每隔几英尺就更换或重新布置滚轴。

很难想象自然界里的真正的轮子，因为人和动物的肌体各部都需要血液供应；甚至指甲和头发，看似没有活力，也需要定期补充养分，很难想象血液供应如何能进化到骨肉之轮辘辘滚动而不发生绞缠纠结的程度。

不过，有一种生命形式，其身形远比人类、火蜥蜴、毛毛虫小得多，可以傲然宣称是它们发明了轮子——起码是进化出了一种轮子吧。有些细菌在液体环境里利用长长的纤毛移动，但并不像我们坐小船摇桨划着圈，而是顺着身体的长度自转，纤毛的根部松松地固定在细菌表面的一个窝里，似乎那纤毛——或叫鞭毛——就像轮轴，细菌的身体就像轮子。鞭毛的根部聚集了一团分子，其作用就像一台发动机，能让鞭毛一秒钟旋转几百次。2008 年，牛津大学科学家们还发现，这种“发动机”甚至还有离合器，是一个分子，负责接合和分离，这样，细菌需要保持不动时，鞭毛就不转了。

跳动的小龙虾

我们的手碰到火焰时会马上抽回去,这个动作源于生命的自我保护机制。这个机制太重要了。不假思索地迅疾逃避危险,这是动物必备的本领。不具备这种本领的动物早就灭绝了,剩下的一定是有此本领的动物,它们把这种本领传给后代。这就是我们常说的条件反射,它和我们日常生活的大部分活动很不一样。

现在来看一看我们看到一杯新榨的柠檬汁时构成我们反应的一连串事件吧:1. "哈,我看见一杯柠檬汁。"2."我渴不渴?"3. "是的,我渴了。"4. "我应该指使手臂肌肉动起来,把杯子举起送到嘴边。"5."现在,我最好张开嘴,用必需的吸力将柠檬汁吸入口中。"诸如此类。从理论上说,由烈焰而获得的感觉信息与看到柠檬汁获得的感觉信息有一些相同处,但是我们的反应却极为不同。我们不会说:1."啊,火焰炽热。"2."我要躲开它吗?"3."对,要躲开。"4."我得命令胳膊的肌肉行动,把手从火焰边移开。"要是我们按这个程序进行,恐怕那手指头是要烧焦烧残的了。

人和动物经过进化,均可以绕过决策过程,节省时间去做一种特殊的动作。在完成一个条件反射动作时,刺激与反应,也就是火焰和肌肉动作之间的通道并不通过大脑,而是就低通过脊髓,走一条短得多的路径。这不是说我们对这个事件无意识,只是在感觉火焰的灼痛之前,手早已缩回去了。

小龙虾常被人们拿来研究神经活动。它有一种非常重要的条件反射叫做后退甩尾;它常用这一招在危险关头迅速逃离。触发小龙虾肌肉陡然收缩做出"甩尾"动作的信号,是由其腹部的一条巨大的神经纤维发出的。威胁来临之际,比如突然一股水流或者捕食者的触碰,由该威胁获得的个别感觉信息,通过若干神经纤维汇集到这条巨神经纤维上,汇集的位点叫突触。巨神经纤维在同时收到多条感觉信息之后——就像中央警察局的999电话呼叫量突然猛增一样,会立刻向肌肉发出信号,信息猛增说明马上要出事了。

多年来,小龙虾条件反射的这个特点一直让科学家很困惑:为什么小龙虾的不同部位受刺激时,所有感觉信息会分毫不差地同时汇集到巨神经纤维上呢?如果不是同时到达,巨神经纤维就不会触发,因为小龙虾不同部位体验到的压迫感总是个别的,而只有当整个身体同时感到压迫时,才会被当成威胁。

为什么说这是个谜呢?原来,小龙虾感觉器官的长度很不一样;它的两条触须比身体还长,可以在水中摇来摆去,而头部伸出的触角却非常短。还有,触须上的任一点位都可以发出信息,而且能同时在多个点位上发出信息。这说明,一束报警信号会在不同时刻到达突触,但不能触发肌肉动作。虽然信号的传导距离很短,但整个条件反射也是在1/50秒内发生。如果有些信号的传导距离超过其他信号一倍,则到达时刻一定不同,小龙虾不会向后甩尾。

科学家知道,信号的收发时刻是不同的,但结果它们全都同时到达,这究竟是怎么做到的呢?

2008年,谜底揭开了。对神经脉冲传导速度的测试显示,来自触须最远端的脉冲要比来自距身体接触点较近位置的脉冲传导得快。所以,如果单股急流触发神经在触须上的不同点同时击发信号,则距虾体更近的感觉器官发出的信号将会慢下来,等待远端信号追上,由此实现同时到达。

听上去像是个很复杂的过程,但实现起来却十分简单。沿一条神经纤维传导的脉冲信号的速度与神经纤维的直径有关。小龙虾触须上的神经纤维越接近身体,其直径就越大,确保所有信息在同一时刻到达那条巨大的神经纤维——就像一些害羞的少年去参加聚会,总是成群结队入场——于是,小龙虾猛甩一下尾巴。

地球上最古老的生物

1964 年，一位地质学家在加利福尼亚州的怀特山考察。他从一丛名为狐尾松的古老树木里提取芯材标本。据说那些树已经有几千年的树龄了，树的中心部分基本都已死去，但树皮还活着。研究者可以用这些标本确定树的年龄，还可以了解某一层树皮形成的那段时间的气候状况。这位地质学家当时在搜集数据，用以推测早期冰川的规模。

遗憾的是，地质学家提取芯材的仪器断了，于是他请求美国林务局批准将树砍倒，他可以从树的年轮特点显示提取一些必要的数据。林务局同意了，结果杀死了当时地球上最古老的活着的生命体。从年轮上看，这棵树已经 4950 岁了。这帮人的举动愚蠢得就像一个医生使用活体组织切片来诊断病人的健康状况，结果检查用的探针断了，于是就请求杀死病人再进行尸检。

被砍倒的老树旁有棵年轻一点的树，是 20 世纪 50 年代发现的，现在还活着，年龄估计为 4796 岁；等到了 2012 年，它就该过第 4800 岁生日了。这些树木之所以长寿，是因为新陈代谢十分缓慢，每 100 年树皮活着的部分只长约 1 英寸。狐尾松的针叶能长三四十年不换新，甚至最老的狐尾松上结的果球还能生出种子，落地就能发芽。

直至 2008 年，这棵名为狐尾松的树一直被认为是世界上最年长的生物。后来，一位树木学家宣称，他在瑞典的大山里发现了一片云杉树，其中一棵已经 9550 岁了。这一下，地球上最古老的现存生物的年龄翻了一倍。

这棵云杉开始生长时，人类的农业活动还在初始阶段，最早的城市刚刚有些模样，轮子已经发明，离东方和地中海沿岸的主要古代文明的兴起还有几千年。

就像地球上最大的活生物奥氏蜜环菌一样(参见第 97 页),瑞典云杉的独特性质是通过 DNA 分析出来。和我们平常熟悉的普通树种不同,云杉有很多树干。一根树干可以生存 600 年,但是一旦老树干死去,新树干就会从它旁边长出来,其 DNA 与老树干的完全相同,因而也属于同一个生物体。

获此发现的科学家的名字起得很妙,叫莱夫(Leif)①——莱夫·库尔曼(Leif Kullman)教授。

① 莱夫(Leif),与英语单词 life(生命)同音,故而作者说他名字起得好。——译者

动物磁性

多年来的实验结果表明:鸟儿是利用地球磁场定向飞行的。在北半球,鸟儿在夏天向北飞行,去北极圈里繁衍后代,冬天则向南飞,到比较温暖的地区去。但是没有人能说清楚鸟是如何运用这一特殊本领的。人们在鸟的头骨内发现有磁性粒子聚集,但它们和感觉器官没有明显的联系,很难说这些磁粒就是鸟类导航系统的器件。

牛津大学和美国的一群科学家最近提出了一个理论,解释大自然如何巧妙地解决提高动物生存率的问题。他们设想的导航系统与鸟类头脑里的磁性物质没有任何关系,靠的是短暂存活的分子,这种分子的存活期取决于周围的磁场。

这群科学家提出,鸟类视网膜上的光线感受器里有这样的分子,它们吸纳光线时会发生化学反应,这种化学反应产生大量微粒,但仅能存活百万分之一秒。而精确的存活时间以及经过一段时间间隔后仍在活动的粒子的数量,受地球磁场的影响而有所改变。科学家认为,鸟类视网膜上的传感系统采取某种方式监测这些分子以及它们的存活时间,并使用监测结果设定飞行的方向。

该理论存在两个问题。其一,没有人从鸟类视觉生理学的角度提供证据证明确有这样一个系统存在;其二,没有人看见过具有上述行为特征的分子。2008 年,后一个问题解决了:科学家报告说已经在实验室中人工合成了一种分子,这些分子与鸟类视觉系统中的分子很相似,在磁场里的表现也相同。

同年又发布了另一则关于动物磁性的奇怪发现。这回连复杂的实验室设备都不需要了。任何人都可以成为发现者,只要到“谷歌地球”网站上仔细观看图片就行。

德国的科学家们发现有些小型啮齿动物对地球磁场是很敏感的,于是他们就想,大型动物是否也能察觉到这种地球磁场呢?他们想到牛群、鹿群的迁徙模式——把它们赶进实验室不现实——于是他们豁然想到,何不利用互联网上的卫星图像,搜寻迁徙的动物群,找出它们的迁徙方向。

他们研究了一万多张世界各地动物迁徙的图片,发现它们的方向不是向北就是向南。而且顺着南北磁力线,和地理上的南北向有所不同,地理上的南北向是由南极、北极的位置确定的。科学实验都有一个问题,即所谓的观测者偏见(observer bias),特别是当你知道自己要找什么方向的时候。不管你如何努力保持客观性,在知道你希望它们面朝哪个方向迁徙的情况下,你要判断其迁徙方向,就很容易把偏见掺进观察结果。为了消除这个因素,科学家让大学生分析同一组图片,得到的结果和原先一样。

没有人知道牛群和鹿群为什么喜欢向南或朝北,不过科学家指出,如果这是普遍喜好,那么在给牛建棚舍的时候就可以考虑这一点。假如面南背北的牛心里满意,产奶量提高了,那么坐西朝东的牛可能感到不舒服,说不定产奶量就下降了。

鸟类也懂物理学

地球上的生命是生物学研究的核心内容。维持生物生存的机制和过程都属于生物学范畴。但是,我们人类其实也生活在物理的世界里。生物学必须要承认物理世界的规律,并且要找到应对物理规律的方法。大象的腿比人的腿粗壮,那是因为它要支撑起大象沉重的身体,使之不至于在地球重力的作用下轰然倒地。飞蝼蛄不需要粗腿,它关心的不是重力,而是风力和空气,此两者决定了它在自己的世界里如何移动。

这些物理事实常常决定了一种生物最终进化而成的外形,这种外形让它能够充分利用环境提供的机会。不仅如此,物理事实还决定了生物的行为方式,反映出它们对这个日常世界的物理现象的认识。

红颈瓣蹼鹬属于涉禽,喙又细又长,以微型甲壳类生物为食。它利用所在的水生环境采取两种办法捕食,十分有趣。我们经常可以看见这种鸟在水里紧兜小圈子,每过一秒就将喙点进水里一次。它们是在水下制造漩涡,漩涡可以搅动河床或湖床,把食物翻卷到水面附近,它们顺势把它捡出来。

其他一些水鸟,待收集了少量含有食物的水之后,会透过类似滤网的东西将水吸进嘴里,篦出食物。而红颈瓣蹼鹬看来是从水里"啄"出食物,然后用长长的喙的尖部一点点地夹食物,像针嘴钳一样。有很长时间,科学家并不知道这水鸟是如何把捕到的食物顺着细长的嘴一路送进喉咙里吞咽下去的。有的水鸟会向后猛甩一下头,利用"惯性"把食物"扔进"喉咙深处。但瓣蹼鹬的食物太轻,甩头吞咽不行。它们似乎专门挑选不超过一定分量的甲壳类食物来吃,尽管猎物越肥大,吃起来越惬意。

含有甲壳类食物的一小滴水从瓣蹼鹬细长的喙尖一直被移动至喉咙吞咽。有些长喙鸟类靠吸或用舌头来完成这个动作。但是瓣蹼鹬既不靠吸,也不用舌头，而是靠表面张力——液体表面都会有张力，置于固态表面上时，表面张力就会使液体形成滴。

雨滴和窗户玻璃之间有表面张力，如果雨滴不太大，则在其边缘的张力就会把它附着玻璃上。同样道理，如果瓣蹼鹬的嘴张得不过大，一滴含有甲壳类食物的水就会“粘在”它的上、下颌的表面上。瓣蹼鹬要把这滴水顺着喙送进，就会先迅速张开喙，再非常轻地合上喙。一开始水滴散开，离喉咙最近的那部分水随着喙的轻微开张向后移动，最靠近喙尖的水跟着向后移，喙再次合上时，整个水滴被包住。通过所谓的“棘轮”效应，含有食物的水滴沿着喙被迅速向上传送，速度可达每秒1米。

在瓣蹼鹬进化和水表面张力的交互影响下，有几样东西不知不觉就进化到了最适合这种特殊觅食方式的程度。上半部分和下半部分喙的表面形状，喙表面的物理性质正好具有“易湿性”，以适应水滴移动的需要，喙的几个固定动作——鸟儿靠它完成水滴的移动，鸟儿对猎物大小的固有感觉，多大的猎物可以轻到能在表面张力的作用下移动……所有这些都是历经千万年进化而来。这个例子很小，但它说明自然选择的进化过程如何以最佳方式“调适”一个动物，让它在特殊的环境里生存下来。

眼睛是怎么进化的?

反对达尔文进化论的人士经常拿人的眼睛作例子,说明非常复杂的东西不可能是历经几百万年一代又一代的进化而来的。笔者不知道他们为什么拿人眼当例证。人体解剖学和生理学的每个特征都设计得十分精巧,人生七八十年,每天做的具体事情都是由身体的某个部分来完成;人体不断成长,不断适应环境,出现损伤后还能自行修复。肾脏、肝脏、大脑、消化功能、血液循环系统——如果你不懂科学,所有这些都同样复杂,同样难以解释,就像许多批判进化论的人士遇到的情形。

然而一直以来,可以说关注的焦点都在人的眼睛上,这是因为对于非科学人士而言,理解眼睛的工作原理稍微容易一些,眼睛可以跟人类制造的东西诸如照相机、望远镜、显微镜等光学仪器作比较。我们知道,这些产品包含着复杂的设计和制作过程,精细加工的元件(如镜头)、研究聚光材料、聚焦伺服装置等等。有些人会问:生物的设计制作过程与此相对应,难道不受一颗怀揣着终极目的智慧头脑的干预而发生的吗?

但是,生物学家手头有大量的证据,要说明眼睛是进化而来很容易。他们的证据可以告诉我们,在已知地球生命存在的时间长度的前提下,人类眼睛进化的每一个阶段确实发生在一条完全合理的时间线上。因为人眼当然不是从无到有,豁然出现在第一批人类身上。眼睛进化成现在的样子,是因为在此之前动物身上已经长出了数量众多、形态各异的聚光器官,时间可以追溯到鱼类的进化甚至更早,距今5亿多年前。

最初阶段可能这样:某生物的表皮细胞随机发生了基因突变,细胞对光和暗影变得敏感。该生物的后代会有一点小优势——如果捕食者的影子落在光敏细胞上,它们可以察觉,可以逃避,而其他同类则会被吞食掉。接着，下一代的身体又有改善，有感光细胞的生物种群数量有所增加，而它们的后代会有更多的生存机会。至此一切正常。但是基因还一直在突变，某一天，一个新生的带感光细胞的生物基因突变，致使感光细胞全落在皮肤上一个浅涡里。现在，这种生物又多了一点优势，它不仅知道附近可能有天敌，甚至还知道天敌的大致方位。当阴影掠过它的身体时，不只是它的光线感受器能感觉光的“明和灭”，其他感受器传来的信息也能让它知道捕食者由哪个方向逼近，它会立刻向相反的方向逃离。渐渐地，带浅涡和感受器官的生物在种群中占据了数量优势，加深浅涡的任何一次基因突变都会提高这只雏形眼的精确度，继而造成更大的优势。这种类型的眼睛可见于化石，在今天的扁形虫和软体动物身上也找得到。

浅涡上边的缝隙越变越小，其实是又进了一步。变小后就造成了针孔相机的效果，这可能就到了形成图像的第一阶段，不光是感觉光影了。

眼睛在经历了最初几个阶段的进化之后，又形成了晶状体和视网膜。有人听了眼睛进化最初几个阶段的解说，认可这种进化机制造成的可能性，但是仍然不理解几个不同的构件怎么就能依次进化到刚好组合在一起协同工作呢？“不完善的眼是没用的，”他们会这样说。但是，生物学家兼作家塔奇(Colin Tudge)是这么说的：

> 不完善的眼也比没有眼好。即便没有晶状体精确对焦，单有视网膜也用处极大。视网膜即便很不完善，也能分辨出光明和黑暗，察觉有没有东西在动。单有一个光感受器就很有用了，更不用说视网膜。晶状体一开始可能是作为透明的保护层进化成形的，后来才发展具备了聚焦功能：最初的结构极为简单，毕竟除了整体要呈凸形外，其他什么都不需要。就像达尔文指出的那样，我们能观察到，成千上万种动物的眼睛比人眼简单得多，包括许多原生生物(属于微生物)的单眼点。

对进化的力量持怀疑态度的人还有一个问题，那就是发生这一系列微细的变化总共需要多长时间。其实，进化过程最富裕的就是时间。

两名瑞典科学家尼尔森(Dan Nilson)和佩尔杰(Susanne Pelger)做过一次非常有趣的仿真实验，他们在电脑生成的光感受器上模拟随机基因突变产生的效果。对每一“代”，他们只保留有微弱的光线收集分析能力的后代。他们在这些后代中激发随机突变，且只允许具有微弱优势的后代有下一代，由此观察原始眼在经历若干代之后发生的变化，并计算出需要多少代才能进化成有晶状体和视网膜的球形眼睛。

仿真结果令人惊讶。两位科学家根据我们所了解的生物学和遗传学知识，设定了一大堆非常保守的假设。以这些假设为前提，他们得出如下结论：从平坦的皮肤进化成功能性眼睛，需要大约400 000代。小动物一般的生命期限为1年左右，据此计算，它们只需不到50万年的时间就能进化出功能性眼睛。复杂动物已经存在了大约5亿年，所以不管是哪个生物群，从无到有进化出眼睛，时间是绰绰有余的。这一点已经为生物学家的发现所证实：眼睛已经围绕动物王国独立进化了至少40次。

达尔文的进化论认为，复杂的器官和复杂的生物就是通过一种不可能的方式产生的。看看已知的基因突变率，再看看地球有生命存在的漫长的时间，科学家们非但不会认为进化不可能，反而会觉得如果没有造成此等复杂性，那才叫不可思议呢。

恐龙遗骨

咱们对恐龙的了解——我是指你我对恐龙的认识，一部分是从电影和电视纪录片中凭想象构画出的恐龙形象得来的，一部分从观看博物馆的展品得来的。这后一部分比较少，但更准确。博物馆的展品旁常有恐龙生活习性的说明，对这种今天仅能以骨头或者人造骨头存在的动物，作了言之凿凿的描述。那么，古生物学家是如何由一堆骨头推测出恐龙的生活习性的呢？

恐龙的身材是个谜。有些恐龙是迄今为止陆地上生活过的最大的动物，统称为蜥脚类动物，身体重量在 50 吨到 80 吨之间，比最大的哺乳动物和非蜥脚类恐龙重 10 倍。它们以植物为食，在它们的生境里称霸达一亿年之久，比其他任何食草动物长得多。

在这个特殊的动物群里，最大的恐龙能达到 40 米长、17 米高，它们是如何长成这般巨大的身躯，而其他动物不管如何进化，最多能长到它们身材的十分之一呢？一个现代科学家究竟怎样单凭一堆骨头(甚至很少能凑齐一只蜥脚类动物的全副骨架)就能回答这个问题？

最近，德国和瑞士的两位科学家提出一套理论，先从蜥脚类动物的饮食习惯拈取一些事实讨论，最终就恐龙的庞大身材提出了一套令人信服的解释。

他们的切入点是：由蜥脚类动物的饮食构成及头颈部解剖学分析可以推断，恐龙并不咀嚼食物，也不是像鸟类(某些恐龙的后代)用“胃磨”磨碎食物——就是把食物吞咽下去，而后在小石子的帮助下反复搅拌磨碎食物，小石子的作用相当于磨石。但是，为恐龙提供能量的植物的量很大，需要很长时间才能消化，又因为巨大的身体会有一个巨大的肚子，正好满足长时间消化的要求。

因为恐龙不需要咀嚼食物，所以头可以长得小一些——它不必拥有巨大的上下颌和强劲的咬颌肌。头很大很重的动物不会进化出细长的脖颈，而头小的蜥脚类恐龙却不受此限制，最终进化出了长长的脖颈，凭这根长脖，它们可以去找别的动物根本够不着的食物。

对蜥脚类恐龙呼吸系统的研究发现，为了解恐龙如何料理那庞大的身躯提供了进一步的线索。恐龙呼吸空气并不限于特殊的泡囊，即常说的肺，它和现在的禽鸟差不多，有一套呼吸系统，叫做“流通呼吸”，能让空气中的氧在全身多个区域——包括长长的脖颈——与体内血液接触。也就是说，空气刚一吸入恐龙的头就能被利用，而不是从头通过脖颈一直进入肺之后才开始被利用。恐龙呼吸时，身上许多骨头内部，包括长达一米半的脊椎骨，都充满了空气。所以，如果身材一样，采用流通呼吸方式的动物的体重比采用哺乳动物呼吸方式的动物的体重要轻一些。

从上述不多的材料中，我们还可以推测蜥脚类恐龙的年龄和其他生活习性。为占取繁殖先机，恐龙必须迅速长到生育年龄；就是说，它要在 20 年左右的时间里，从一只出生时大概 10 千克的小恐龙，长成一头体重达 100 000 千克的成年恐龙，身长是出生时的 50 倍。但是，其他速生型动物，一般新陈代谢率都很高，代谢率就是动物燃烧食物，将其变成肌肉等身体组织的速度。如果蜥脚类恐龙在长成之后新陈代谢率仍然很高，势必要每天摄入大量的食物，很可能会导致身体过热。有人估计，为避免大量进食、身体过热，蜥脚类恐龙可能会变换新陈代谢率，使成长过程新陈代谢率最高，而在长成最大体型后迅速降低。

画龙点睛之笔应该是恐龙蛋的发现。恐龙那巨大的身体竟是从一个个蛋里孵出来的，这种繁殖方式真是非比寻常啊。最大的哺乳动物都是在子宫孕育后再生出，一般是一胎一生。要是种群密度下降太快，而增加成员数量需要很长时间，这种繁殖方式很容易导致哺乳动物灭绝。反观蜥脚类恐龙，因为是卵生，所以可以有很多后代，灭绝的可能性要小得多。

科学家们常寻找外部因素来解释恐龙为什么灭绝。陨星、火山爆发、大陆板块变化、温度、大气的二氧化碳含量等等，都被视为造成恐龙灭绝的嫌疑元凶。而事实上，在遭遇这些大灾大难之时，有证据证明这些巨型动物是抗争了很长时间后才灭绝的。“恐龙为什么灭绝”的问题已经被科学家换成了“恐龙怎么会生存这么长时间”。问题的答案似乎还得从那个简单的事实开始寻找——它们不咀嚼食物。

好奇心害死大象

小鼩鼱约2克重,也许是世上能够存在的体重最轻的哺乳动物。一头4吨重的大象,其体重是小鼩鼱的200万倍,而一条蓝鲸的重量又相当于25头大象。

科学家研究各种哺乳动物,有时候需要把它们作比较,由一种动物的研究结论来类推更大或更小动物的情况。1962年,有研究人员想把对猫和人的研究结果应用在大象身上,但是没有成功,因为研究人员没有意识到,与较小和较大动物作比较时,动物的体型只是其中一个因素。

“獠牙”(Tusko)是一头印度象,生活在俄克拉荷马市的一个动物园里。当地的两名精神病专家对大象特有的情况很感兴趣,这个情况就是他们所说的“狂躁症”。每过几天或几周,这头大象就会爆发狂躁,发作时极具攻击性,凡是接近它的人都可能被它取了性命。大象发狂时,伴有头部腺体产生分泌物(也许引起狂躁的就是这种分泌物),腺体肿胀,压迫大象的眼睛,引起剧痛。据说,这种分泌物的味道“令人作呕之极”,虽然这更像是一则奇闻趣事,而不是若干次实验品尝后的结论。

时至今日,还没有人真正弄清楚大象怎么会突然发作狂躁症。1962年,俄克拉荷马州的科研人员认为可以控制注射一种叫做LSD[①]的药物来研究这一现象。LSD是一种能引起人格分裂的药物,当时很时髦。他们希望这种药物能够引起颞颥腺体分泌出那种奇臭无比的液体,继而确定因狂躁爆发出的疯狂举动和LSD引发的精神症状之间存在相似性。

问题是这帮科研人员显然对动物学一知半解,而报告研究结果的论文

---

① LSD是英语词Lysergic acid diethylamide(麦角酸二乙胺)的缩写,是一种强烈的致幻剂。——译者

的合著者虽然是在动物园工作，但在确定给大象注射多大剂量的致幻剂时，好像也忽视了一个关键步骤。

平时向动物或人体的血液里注射药物，体内血液越多，药物的浓度就越淡。所以，体重2.6千克的猫如果药物的承受剂量是0.1毫克，科研人员就先计算大象的体重是猫的多少倍，再计算出大象的药物安全承受量是将近300毫克，也就是猫的安全剂量的3000倍。

实验结果是灾难性的。大象在注射药物后开始嗷嗷嚎叫，横冲直撞，身体连栽带晃，五分钟后便倒地而亡。

是哪儿做得不对吗？原来，科学家忽视了别的因素，而这些因素对于弄清楚哺乳动物的身体如何接纳药物恰恰是至关重要的。不同的动物其新陈代谢率也是不同的。新陈代谢率就是安静状态时消耗的总能量。新陈代谢率越高，化学药物在体内分解得越快。另外，不同的动物的脑子与身体的大小比例也不相同，所以，你要注射对大脑有影响的药物时，一定先检查一下这个比率。事实上，在仔细查考不同机体对注射药物的反应时，至少可以想出5种办法，根据药物在其他不同动物身上发生不同的效果，计算出适用于大象的安全剂量。这个范围从0.4毫克——比猫的注射剂量仅多一倍——再到3毫克、8毫克、80毫克，一直到最大的、也很悲怆的剂量297毫克。

姑且抛开这项研究的伦理问题不谈（搁到现在肯定是严加管控了），这件事说明过度相信科学也是有风险的。这群科研人员在研究报告的总结里写道："大象似乎对LSD的作用异常敏感。"其实，这样总结更恰当：大象对科研人员的无能太敏感了。

乌鸦："呱，我永远忘不掉那张脸！"

人脸各不相同，不过一些基本特征却一样，比如眼睛、鼻子、嘴巴，但我们还是能分辨和记住我们遇到的无数张面孔。人的大脑里只有一片很小的区域专门负责辨认。如果因卒中(即中风)或其他脑损伤破坏了这个区域，一个人就再也不会分辨谁是谁了，不管某人的脸他是否刚刚见过，不管那张脸他多么熟悉。

所以，某些动物具有经过长时间之后识别和记忆人脸的能力，着实令人惊讶。科学家用乌鸦来展示这项研究发现。和所有鸟儿一样，乌鸦必须能够分辨同一鸦群的其他成员，由此它们对别的鸟儿的长相也记得很清楚。但是，为什么它们对人脸的记忆一定会比我记忆栖息在我家树上的乌鸦的脸要清楚呢？

然而，华盛顿大学生物学家马兹鲁夫(John Marzluff)在研究乌鸦时意识到，他离开一段时间再回来时，那些乌鸦似乎还记得他，于是他决定系统地研究一下乌鸦的这种本领。

他制作了两种面具，一种是"危险"表情，而另一种是"中性"表情。他和同事们戴上画着野人的"危险"表情面具，诱捕、捆绑乌鸦，或者用别的方法作弄乌鸦。但当他们并无恶意地追撵乌鸦时——像在校园里散步那样，他们就戴上"中性"表情的面具，上面画着美国当时的副总统切尼(Dick Cheney)的脸。(关于切尼在任时是否比一般野人更危险，咱们就不在这儿争论啦。)

研究者利用两种面具可以断定，乌鸦对人脸作出反应强于对步态和服装作出的反应，后者充其量与戴"中性"表情面具时相同。

在接下来的几个月内，研究者没打搅这些乌鸦，只是不时地戴上野人面具或切尼面具在园区里走一走。乌鸦们并没忘记,在看到野人扮相时,就飞上飞下纠缠、气恼地嘶叫,还作俯冲威胁动作,即使研究者把“危险”面具反戴着,它们的反应也一样。而看到切尼面具时,几乎没有反应,就像没看见似的。

实验结果颇为新奇,马兹鲁夫决定进一步控制实验条件,确保得到的结果是真实的。这次他使用的面具更逼真,还是将一种面具定为危险,另一种定为中立。不过,这回他又另外请来其他几个志愿者戴上面具,以测试乌鸦的识别能力;志愿者并不知道他们戴的是哪种面具。

此次实验的结果可以确定无疑了。一名志愿者说:“乌鸦声嘶力竭,不停地叫,看得出它们不安不是为别的,就是因为我才心烦意乱。”

以前,研究者在渡鸦、海鸥等其他禽鸟身上也观察到类似的行为。生物学先驱洛伦兹(Konrad Lorenz)过去经常穿着魔鬼服装研究乌鸦,这样在他不搅扰乌鸦时,那些鸟儿也不会来找他的麻烦。但是,没人像马兹鲁夫博士研究得这么系统。

鸟类具有、也需要敏锐的视觉和长时间辨识、记忆细节的能力。据推测,鸟类记忆面容、地形、天空和其他禽鸟的特征的能力,可以被概括为对任何可能构成威胁的生物的特征进行辨识。虽然鸟类的眼睛很小,但视觉的敏锐度比人类高 8 倍。鸟眼与头的重量比,大大高于人眼与头的重量比,两者分别为 15%和 2%。一只鸽子能看清距离 50 厘米远的一粒 0.3 毫米长的种子,相当于人眼看见 1 千米外竖立的一根 60 厘米长的木桩。

既然有这样的辨别能力,我们就不能不说有这样的可能:下次再遇到鸟儿朝你头上拉屎,别老觉着这是偶然遭遇了。如果常遇此事,你可以戴上切尼的面具试一试……

纸老虎和造假者

调查人员发现某科研造假后，常要费一些时间才能拆穿骗局(参见第51页)，因为造假者对自己的专业课题比较熟悉，他会想办法掩盖欺诈行为。但当骗局被揭开之时，人们会发现那骗招也出奇地简单。20世纪70年代在美国发生过一个著名的案例：有人说给一只小白鼠身上移植了一块黑皮肤，没有发生排异反应。其实是怎么回事呢？原来小白鼠根本就没做过皮肤移植，那块黑皮是拿墨水染的。

在很多造假案中，假造的结果可能出乎意料，但通常都是科学工作者们爱听、也因此容易相信的那种，所以一开始，为新发现欢庆的动静盖过了所有的怀疑声。

当中国猎手周正龙宣称他多次成功地拍摄到一只此前被认为已灭绝的华南虎时，动物学界一片欢腾。当地的管理部门还给他发了奖金，奖励他用照片证明了华南虎的存在。美国的一位自然保护主义者说："这个消息真让人欣喜若狂啊。"陕西省林业厅赶紧制订方案，为华南虎开辟保护区，不让它们再度灭绝。

在一次记者招待会上，周正龙讲述了他跟踪那只华南虎拍照的细节，为此他获得了1500多英镑的奖金。周正龙说："我敢拿脑袋担保，这张照片是真的。"林业部门的一名科学家，还有中国科学院的一位研究人员也都引述了这句中国式的保证。

现在使用电脑软件制作假照片很容易，不过周正龙拿出的照片看来似乎是真的，没有篡改过。照片拍的确实是在丛林里一只老虎藏在树的枝叶后面窥探。唯一的问题是——就像许多看过图片的网友指出的那样——照片里的华南虎是一只纸老虎，是从招贴画或者杂志上裁下来、放到树丛里伪造的。植物学家仔细查看了照片中与老虎处于同一位置的树叶,发现比例失当,老虎的头小了,或者说一般也就几毫米宽的树叶,在照片里却大如餐盘。还有,照片有好几张,老虎的姿态也各有不同,但有同一片叶子却始终垂在老虎的额前,投下的影子一模一样。

事件的结局既突然又残酷。2008 年 6 月,周正龙被逮捕,7 名林业干部被免职,另有 6 名干部受到惩处。警方从周正龙家里搜出一幅 2002 年的中国年画和一个木制的老虎爪子,年画里有一只华南虎,和照片里的华南虎一模一样,而那木制的虎爪是用来伪造华南虎脚印的。

狗狗感觉不公平

很多狗主人认为自己的爱犬通人性。(猫主人认为他们的爱猫也通人性。)但是,要设计几个实验以证明动物的感知力和判断力,以便拿来和人类作比较却并非易事。你可以把这个研究课题向大多数的心理学的学生解释清楚,但对狗你就解释不了。

维也纳的一个研究小组对狗是否具有公平或平等的概念很感兴趣。研究显示,一些灵长类动物表现出的行为,似乎说明它们具有一定的道德感和伦理观。有些灵长类动物认同同工同酬,如果同类中有谁做同样的工作却得到较高的回报,它们就要闹意见。再比如,一只饥饿的猕猴知道如果它接受了食物,另一只猕猴会因此遭到电击,便断然不会接受食物。但是,非灵长类动物是否也具有这样的公平意识就不得而知了。

于是研究人员弄来 43 条不同品种的狗做实验, 训练它们一听到命令就把爪子放在人的手上。这些狗很快学会了这个动作,每次命它们表演,基本上都能做到,不管有没有奖赏。随后研究者把狗分成两只一组,做一组测试。测试时,仍要求两只狗表演所学的技巧,但每次只固定奖励其中的一只狗。很快,研究人员发现,那只没有受到奖励的狗不高兴了,必须被反复提示,它才抬起爪子,而且常把脸扭向一边,频频抓挠身体。负责实验的科研人员说:“看得出来它不高兴。”分析测试结果发现,受奖赏的狗每次都做亮爪表演,而未受奖赏的狗 30 次表演只做了 13 次。显然,看到同伴每次表演后大口享受美味而自己却被晾在一边,它不能泰然处之。换句话说,这太不公平了。

但是,这个实验结果真的能说明狗感觉到了不公平吗?科研人员需要再做一个实验,才能确定他们对结果的解释。可能是那只没得到奖赏的狗总是被命令反复做这个动作,却又没什么奖赏而觉得厌倦了,根本就和它心里感觉待遇不公平没有关系。但事实上,与单独一只狗做动作却没得到奖赏的情况相比较,有伴的狗表现得更差。

大家都知道,狗和狼很善于群体合作,而成功的群体合作要靠每个个体各尽所能。在野生状态下,不公平可以危及整个兽群的生存。所以,为了保证群体行动的效率,也许在整个群体中逐渐关注起公平,而不是光想着自己。

如果狗真的对自己被冷落很敏感,这也许能解释很多狗主人遇到的情况:当家里添了小宝宝后,他家的狗好像很是失落。我们现在知道了,狗似乎感觉到了不公平,因为它可能有不公平感。

物种增殖

美国前国防部长拉姆斯菲尔德(Donald Rumsfeld)曾广为天下笑,是被嘲笑——为什么?就因为他说话时提到过“已知的已知”(known knowns)、“已知的未知”(known unknowns)和“未知的未知”(unknown unknowns)这些字眼儿。其实多年来,“未知的未知”一词为不少科学家在用,是个很有用的概念。在航空学里,该词被简写成“未-未知”(unk-unks),指称那些我们根本就不知道其存在、故而也不可能预见的问题。

回答“世界上现有多少种活的生物?”这个问题时,“未-未知”就派上了用场。一般认为,该问题包括植物、动物以及细菌类的微生物。为了找到答案,我们可以将各个领域的专家——植物学家、动物学家、微生物学家已经知道的所有生物开列出来,最后总计约170万种。这个数字已经很惊人了,要知道如果让我们个人去说,实际是说不出几种的。当然,这个数字仅仅是我们已知的物种。全部生物我们都能知道吗?当然不行。每天都有消息说科研工作者在探索新物种的生存环境,从热带雨林到海洋深处,发现了以前不知其存在的物种。那么,我们如何能了解“未知的未知”,至少把它们变为“已知的未知”呢?

30年前,昆虫学家欧文(Terry Erwin)对巴拿马甲虫做过一个有趣的调查。他在巴拿马选了一棵树,把树上能找到的甲虫全收集在一起。结果发现,只有很少一部分甲虫是确定过种类的。欧文据此做了计算,并由此及彼对其他生物作了估测,结论是:地球上所有物种的真实数目可能接近3000万。

当时,欧文只对用肉眼能看到的生物感兴趣。[实际上,真正令他感兴趣的就是甲虫,甲虫在动物物种中占相当大的比例。这个事实让英国科学家霍尔丹(J. B. S. Haldane)不禁评论道,上帝似乎“特别喜欢甲虫”。]但是,如果你把微生物也算进去的话,那情形就又不一样了,已知的微生物约有4万种。运用类似的外推法,由已知推想未知,计算出微生物的实际种类可达4亿种,还不包括病毒,因为病毒自成一类,它是介于生物和非生物之间的生命体。

因此,使用某些虽然不够精确却比较有效的统计技术,我们可以把地球上的物种数量再乘上200左右。

作家塔奇(Colin Tudge)写了一部题为《生命万千》(*The Variety of Life*)的著作,对所有已知的物种作了介绍,内容丰富,语言生动,其中对上述的计算过程有一番描述。尔后他问,地球现存的物种数与曾经有过的物种总数究竟有着怎样的关系?他得到了几个令人震撼的数字。他拿一种比甲虫更有趣的生物做例子(除非你是欧文),并查看了当前大象的种类数——具体说是两种,而后将这个数字和过去5000万年间已有的大象种类数比较。化石数据显示,那一时期地球上约有150种大象。塔奇又将现今的5种犀牛和过去5000万年间有过的200种犀牛做了比较。两次计算说明,过去的5000万年间的物种数量是现今物种数量的100倍左右。但是,为什么要卡在5000万年呢?地球上的生命至少存在了35亿年。塔奇写道:“如果过去的物种总量没有超过现在物种总量至少10 000倍,那就太惊奇了。”如果超万倍,物种总量就有约4万亿;这只是物种的数量,不是生物总量。这对DNA的多变性作了很好的注解。这个长分子控制着每一个生物的结构,能引起非常多的变化,而且无疑会在以后的35亿年里生成4万亿个生物物种。

第四部分

大脑和思想

钱能带来幸福吗?

……如果你把钱送出去的话。

心理学家和其他社会学家经常受到批评,因为他们报告的实验结果总是讲一些显而易见的道理。所以,当加拿大的一群心理学家打算研究收入对幸福的影响时,恐怕免不了遭人批评,又把钱浪费在"地球人"都知道答案的问题上了。谁都不会为了能过上幸福生活,自己要求减工资,当税交少了或抵押贷款利率降低时,人们一般都会为之感到高兴。

心理学家把问题的范围缩小了一点儿。从世界各地收集的数据显示,虽然近几十年,发达国家的实际收入有了大幅提高,但是人民群众却没说他们的幸福水平也有相应提升。看来人们好像在把大把挣来的钱花在购物和个人追求上,但这没有令他们感觉更幸福。于是,丹(Elizabeth Dunn)博士和她的几个同事决定对人们如何花钱作一番深入细致的考察,看看不同的花钱方式会不会产生不同的幸福感。第一个发现令人感到意外——人们的幸福感和他送出去的钱的多少相关,与他花钱多少无关。

科学上有一个著名的陷阱,就是认为事物的相关性——两个事物同时增加或减少——说明其中必有一个共同的起因。例如,一项科研报告说,幼儿开灯睡觉,日后很容易患近视。近视儿童的父母也近视,而近视的父母又比较倾向于让孩子晚上开着灯睡觉。

丹博士做了另一个实验,想确认一下人们有幸福感是否就是因为仗义疏财。她找来 50 名受试者,让他们在每天早晨为自己的幸福程度打个分,而后发给每人 5 美元或 20 美元,要求他们当天下午 5 点前一定要花掉。她指定一半受试者把钱花在自己身上,另一半受试者把钱花在别人身上或者捐给慈善机构。下午 5 点后,再令受试者报告自己的幸福程度。实验结果很明确——这一天结束时,把钱花在别人身上的受试者感觉比实验开始时快乐,幸福感的增长幅度高于把钱花在自己身上的受试者。

心理学家试图解释仅自己收入增加并不能带来幸福感的原因,他们指出:我们的生活境遇,包括收入、性别、宗教信仰等,并不决定幸福程度,决定幸福程度的是我们做出的选择以及决意去做的事情。由此观之,选择如何花钱至少和拥有多少钱一样重要。

该研究的最后一个发现是:把钱分成小额——如5美元——赠予他人,会深深影响施予者的幸福感。研究者在研究报告的结尾提议:国家应出台政策干预,鼓励大家少为自己花钱,多为别人花钱,这样可以提高人的幸福总量。

谁动了我的手指?

我们想做某个简单动作时,比如举一下手指,我们一定是在大脑的某个区域先行决策,继而向肌肉发出指令,然后手指才举起来。一般人都会这么认为。

如果要我们考虑另外一种可能,也就是在我们还没意识到的时候大脑就已经做出了决策,我们一定会觉得奇怪,甚至根本不相信。从某个方面看,这个想法确实令人难以接受:决策是在无意识层面发生的,而我们只是在决策发生之后才意识到,也许就像某人收到一份电子邮件,指示指头抬起来,但邮件是从一个未知的决策者那里发出的,这是不是太玄了?这岂不是对整个自由意志的理念提出质疑!

然而,确实有新奇迷人的科学证据不由得我们辩说:人类对于如何做出决策的知觉可能让人类有一种错觉,认为“决策是我们自己做出的”。

我们人类的大脑或思想活动发生于无意识层面,这个观点并不新鲜。弗洛伊德的理论认为:引导人类行为的思维过程多半都是无意识的。我们也许会认可我们决定移动手指的缘由是无意识的——要表达愤怒,获取愉悦——但我们仍然固执地认为举指头的决策是有意识做出的。

20多年前,美国研究意识的先驱利伯特(Benjamin Libet)设计了这样一个实验:

他在志愿者的手指上安装了动作探测器,又在他们头皮上接了电极。尔后,他在受试者的面前放了一个阴极射线显像管,上面有一个点不停地转着划圈。他要求受试者随时移动手指,并通过观察屏幕上圆点的位置来注意其意识到要做出移动手指的决定的这个点。在此过程中,利伯特还测量了受试者的大脑活动时间点。

实验显示了事件发生的顺序：

1. 手指移动前半秒，一部分大脑已经开始活动，向肌肉群发出指令。

2. 手指移动前 1/5 秒，受试者意识到自己做出移动指头的决定。

3. 尔后手指移动了。

利伯特实际是要观察受试者自己意识到之前会做出什么样的决定。

实验的结果具有一致性、可重复性，不过可能没有它们看起来那么重要。大脑做出决定和大脑意识到做出决定之间有 3/5 秒的时间差①，十分短暂，也许就此得到的解释没有违背我们具有自由意志这一理念。不过，假设是实际做出决定之后 7 秒钟才意识到自己做出了决定，那是否就真的说明是某个"人"而非当事人自己做出决定，是否说明我们没有自由意志呢？

2008年，德国的一个科研小组利用复杂的计算机程序分析了大脑部活动模式，其分析结果恰好就是这样。他们让受试者用左手或右手按下一个按钮，从旁测试其大脑活动情况。在实验过程中，受试者享有是否按按钮的选择权，还可以选择何时按下按钮。科学家们发现，在受试者说出他决定用哪只手按按钮之前，其大脑活动已经延续达 7 秒之久。这种脑活动具有特定的模式，科学家们一眼就能分辨出来。他们甚至不等受试者自己知道，便能预料他要用哪只手。

研究者并未更进一步提出决策者另有其人。他们在报告里写道："我们的研究表明，决策早就无意识地准备好了，比人们先前认为的准备时间要长得多。"

混沌理论之父爱德华·洛伦兹(Edward N. Lorenz)并不为上述发现所动。他写道："我们一定要坚定不移地相信自由意志的存在。如果自由意志是一种实在，我们一定会做出正确的选择；如果它不是，我们也不会做出错误的选择，因为我们根本就不做任何选择，我们没有自由意志让我们这样做。"

---

① 原文似有误，半秒和 1/5 秒的时间差是 3/10 秒，而非 3/5。——译者

你没看见，你还是看见了

2004年的“搞笑诺贝尔奖”[①]把心理学奖授予了美国两位心理学家，嘉奖辞是这么说的：他们被授予该奖，获奖杯一枚及奖金若干，“钱虽寥寥但荣誉极高”，他们的研究表明“人们在专注于某事时，极易忽略其他事”。

科学家们经常遭人嘲笑其科学研究的细枝末节，以及老把心思放在那些对社会半点用处也没有的芝麻小事上。美国参议员普罗克斯梅尔(William Proxmire)曾拿他认为纯是浪费钱财的科研项目开涮，借此赚来不小名声。诸如，花了84 000美元研究为何人们会堕入情网，或寻找地外文明(参见第74页)项目等等。普罗克斯梅尔点名挖苦的项目之一是“白杨树电影地图”，该地图是交互计算技术的一个开拓性范例，由它衍生出多项互联网实用技术。

有些研究项目用三言两语的描述不太容易看出其好处。搞笑诺贝尔奖好像专挑这类项目颁奖。近期获奖者包括有个鱼类专业小组，他们的研究成果是鲱鱼靠放屁实现交流；梵蒂冈的罗马教廷将祈祷人外包给印度；两位美国医生就“乡村音乐对自杀的影响”发表了研究报告；还有笔者的老校友特维(Michael Turvey)，揭示并解释了呼啦圈运动的动力学问题。搞笑诺贝尔奖早就亮明了宗旨，就是要选出“初看好笑，细品有味儿”的研究成果。

那两位因研究注意力荣获搞笑诺贝尔奖的心理学家，确实取得了值得深思的成果。笔者向诸位介绍他们，其中有一个问题，那就是：若我写多了，

---

① 搞笑诺贝尔奖(Ig Nobel)，又称伊格诺贝尔奖、另类诺贝尔奖。每年抢在诺贝尔奖公布前一两周颁发。其主办方为《不可能研究年鉴》(Annals of Improbable Research)，名称则源自诺贝尔(Nobel)形似词noble(高贵的)的反义词ignoble(卑贱的，不光彩的)。——译者

就会破坏他们科研成绩的最佳演示效果,该效果最精彩之处是心理学最为特别的一次视觉体验。

但笔者在此能说的是,两位学者通过多次实验展示了一种叫作“变化视盲”(change blindness)的现象。该现象常用的展示是一段视频剪辑。在视频中,一名男子坐在桌旁,此刻办公室外面的电话响了。他起身离开房间,画面切换到走廊上,男子接了挂在墙上的电话。只是第二个镜头中,接电话的男子并非办公室男子,但几乎没人注意到这一点,因为大家的注意力对这个特别的变化“视而不见”。其他演示实验都有一个场景:过几秒钟添加或移除画面里的某个元素。因为场景是逐渐转换的,一般人很难觉察到变化。尽管两幅画面的切换是瞬间完成,正常而言这会让变化非常显眼,但是当实验者在两个画面中间插入一个瞬间白屏,受试者基本看不出来已经发生的变化。不过,变化一经指出,要看不见也挺难。

下面的网站有一小段“无意视盲”的演示视频,非常直观生动:http://viscog.beckman.uiuc.edu/grafs/demos/15.html。视频中有两组学生,分别穿着白色T恤和黑色T恤,相互传球。要求受试者数一数每队传球的次数。这段视频最近在英国被用于一项活动,活动的目的是让驾车者多多注意路上骑自行车的人。为了解这段视频的重要意义,读者可以参阅本章的尾注,你要是先看了尾注再看这段视频,那就没效果了。

神经学研究证明,短期记忆仅能记住视觉场景中四五个独立的物体,但多于四五个,就很难记忆了。人注意了这些物体,再有其他元素介入就会被视而不见。

这些研究的一个重要意义是,它帮我们弄清了一个现象:比如,发生交通事故后,当事人常说:“我没看见,车就过来了。”明明当时状况良好,又是大白天,又没有障碍物遮挡视线,怎么会没看见呢?如果从神经学角度加以深究,他们的大脑一定会显示,他们未能意识到那辆车,他们是真没看见它过来。

正视错误选择

一个心理学专业的学生参加了一项专门研究魅力的实验室实验。实验者给了他多张两个女子的脸部照片,问他认为哪个女子更有魅力。他选择女子甲。然后照片被面朝下扣在桌子上,学生拿起他选中的照片。实验者让他描述一下选择这张照片的原因,他一边看照片,一边陈述选择理由:“我选她是因为她有一头黑发,”或者“因为她在微笑,所以我选她。”

问题来了。这个特别的实验是在瑞典的一个实验室里进行的,那位学生在描述他认为更有魅力的脸庞时, 手里拿着的是一张面朝下的照片,而实际给他的照片是女子乙的:照片已被实验者调包了。尔后,受试者开始解释他为什么做此选择,他陈述的特征女子甲的脸庞有,女人乙的脸庞没有。受试者选择黑发女人,而他在做这番陈述时,实际看着一张金发女人的照片。受试者喜欢微笑的女子,而他在做陈述时却是看着一张毫无笑意的女人照片。一位受试者被示以一个戴着耳饰的女子时,他甚至说自己喜欢戴耳饰的女子,而实际上,这个女子并不是他最初的选择。

这项实验验证了心理学家所说的“选择视盲”。参加实验的 120 位受试者,70 位女性,50 位男性,心理学家给他们提供 15 组照片,要求他们从每组照片里选出一张更有魅力的照片。不过,其中三对照片被偷偷调包,这样受试者在描述选择原因时,实际上在为他本未选择的照片找选择理由。

实验结果还有几个有趣的问题。第一,只有很少一部分人(13%)发觉照片被调包。87%的人想当然地认为他们(参照另一张脸)“解说”的魅力面孔就是他们选择的那张。

第二,实验用的一组组面部照片是经专门挑选的,保证它们有一定的相似性。有几组照片非常相像,而其他几组照片非常不像(如上面提到的金发女对黑发女照片)。但受试者给出的解释却反映不出差别。

第三,即便被告知已调包,仍有很多受试者不相信实验做了手脚。研究者称这为“选择视盲的视盲”(choice blindness blindness)。

在参与实验的科研人员看来,这些实验结果说明意图与结果之间的联系是不牢固的。我们是怀揣着某种意图经历人生,我们做出某种决定或选择时,自认为是根据意图做出的,而我们解释选择的理由可能与真实原因一点关系都没有。实验结果还间接说明,当我们做出错误的选择时,常常给该错误选择找似是而非的理由来自圆其说,让错误的选择显得合理。

照我的样子做吧!

1983 年，两位美国科学家梅尔策夫（Andrew Meltzoff）和莫尔(Keith Moore)进行了一项实验,测试人们模仿面部表情的能力。他们找来 40 名健康的受试者,其中男性 18 名,女性 22 名,要求他们模仿实验者的面部活动,要么吐舌,要么咧大嘴。这项实验做起来并不容易。最初受试者有 100 多位,但是研究人员在其实验报告里提到,其中 67 名因各种原因没能完成实验:“要么是睡着了(30%)、要么哭闹(27%)、要么不停地吐口水或呛着(24%)、要么打嗝(15%),还有几名受试者在测试过程中拉屎撒尿(4%)。”

受试者为何这么不合作呢？原因是他们太小了,最小的一个才生出来 41 分钟,而最大的也不过 72 小时,所以,现场拉屎撒尿也在情理之中。实验的目的就是想弄清楚一个很多人都注意到的现象——当成人靠近婴儿扮鬼脸时,婴儿有模仿成人脸部动作的非凡能力。奇怪的是,新生儿对这个世界几无体验,怎么就能形成一种概念联系,把成人脸上的一条缝隙伸出一条乱动的粉红色的肉(吐舌头)和牵动自己舌头的肌肉这两者联系在一起呢？他连自己的舌头长什么样都没见过呢!

早先也有人对这种模仿能力开展过研究,但研究对象都是大一些的孩子。心理学家说,条件反射可见于整个过程——婴儿一开始做了一连串随机动作,而后如果碰巧了做出的动作和成人动作一样,就会让成人笑出声或者微笑,接着成人会给孩子的奶奶打电话汇报情况。这个反应对婴儿有鼓励作用,于是下次大人再吐舌头时,婴儿会更倾向于模仿他。梅尔策夫和他的同事认为其中还有更深层的道理。他们猜测这种能力是否就是天生的。为了弄清楚,他们需要找那些几乎毫无社会影响或者不可能做出其他行为的婴儿做实验,婴儿要越小越好。于是,他们就拿产房和新生儿房间里的婴儿下手——当然啦，先要征得家长们的同意。

这个实验是一个长期科研项目的开头，该项目要研究不同年龄段的儿童以及他们模仿成人的方式。为了获得真实可靠毫无偏差的数据，敬业且严谨的研究人员，在精心控制的场景下，花了几个小时做滑稽可笑的表情和玩玩具。譬如，两位实验员并肩坐在婴儿面前，婴儿背后放了两台监视器；一个监视器显示婴儿以及其边玩玩具边在做什么；另一个监视器显示前一个受试婴儿玩玩具的情况。一个实验者会模仿面前的受试婴儿的动作，而另一个实验者模仿前一个受试婴儿动作。结果发现，婴儿总是对模仿他(她)的实验者感兴趣，而对模仿前一个婴儿的实验者不感兴趣。如果没有第二位实验者在场，就无从确定是第一位的模仿吸引了婴儿的注意力。

两位科学家认为，实验结果表明人一出生便具备看见别人“像自己”的基本能力，它对孩子的个性与自我意识的形成起着重要作用。它对人类社会的实际意义在于能够移情于他人，对他人的境况感同身受，做到在精神上“设身处地，从他人角度去体验”。

他们对实验结果作出如下总结：

“结果说明，婴幼儿已经表露出自身行动与他人行动之间的相等关系，在使用语言或对镜中的自己和他人做比较之前，他们已经会作此表露了。这一基本的对等关系影响着婴儿对社会世界的最初解释，让他们为他人的行为赋予了被感知的意义。”

就在这些行为实验进行的同时，一些在全然不同的专业领域从事研究的科学家发现，大脑里有一种细胞掌管着这种基本能力。该发现非常偶然。科学家在研究猴子的大脑活动时发现，猴子动手捡地上的食物时，其大脑的某个区域十分活跃。让他们惊讶的是，某一天他们在猴子的大脑检测到了这一兴奋信号，但做动作的不是这只猴子，而是旁边的一只猴子。即便是观察别的猴子做这个动作也会在大脑的同一个区域产生兴奋信号。执行这一功能的神经细胞叫“镜像神经元”，这一发现据说是神经科学近 10 年来最重要的发现之一。虽然在人类大脑里还不能直观察到镜像神经元，但利用一种叫做“功能性磁共振成像”(fMRI)[①]的脑成像技术研究大脑活动的结果显示,大脑的某些区域对受试者本人的活动以及对其观察到的其他人的类似活动均产生反应。随着神经学家和心理学家逐渐在镜像神经元和语言、移情(empathy),甚至孤独症之间建立起联系,该研究领域也在一步步拓展。

在考古学和人类学研究中,关于镜像神经元系统的认识正在被应用于文化传播这一课题。文化传播是人们互相学习技能与行为的途径。或许镜像神经元并不仅仅有助于模仿,它还能帮助我们推测他人的意图,甚至思维,而思维则是人区别于动物的一个关键特征。

① 功能性磁共振成像(fMRI, functional magnetic resonance imaging)是一种神经影像学方法,其原理是利用磁共振造影来测量神经元活动所引发的血液动力的改变。——译者

盲人能看见吗?

最近150年,医学研究者逐步弄清了大脑的不同区域如何执行机体的不同功能。他们已确定,大脑的中央区域掌管多种功能——记忆、运动、视觉、听觉、触觉、味觉、语言等等。

在大脑后部中间位置有一个特殊的区域称作视觉皮层,人们早就知道人的视觉体验就在这里。对大脑各区域功能的很多认识是来自脑损伤研究。当事故发生,损坏了大脑的某个部分后,医生可根据病人行为和能力的改变,推断出大脑的哪个区域受损,原本正常的功能被阻断。不过,这个方法是很不严谨的。损伤并不一定发生在大脑的功能区之内,所以,在任何情况下,这样的信息来源不精细、不确切。打个比方,两车相撞后车灯不亮了,故障的原因其实很多,可能是电池的问题,可能是交流发电机的问题,也可能是灯泡问题,还可能是开关问题,得仔细查明原因,不能抓住一点就一概而论。

但是不管什么原因,有一点科学家是确定的:如果视觉皮层严重受损或甚至完全缺失,病人就会失明。

但你怎么知道某人是盲人呢?这个问题听起来挺愚蠢,不过,20世纪70年代开展的一项研究结果表明,失明并非是它看起来的样子。要测试某人是否失明,最简单的办法就是询问他本人。想必在这种严肃的事情上大多数人不会撒谎,这也是视觉皮层和视觉的关系为什么这般显而易见的原因。凡是视觉皮层损伤严重的人都看不见东西。视力正常者能做的事情他们做不了,到处走走更是困难重重;什么视觉图像,一概没有。

1974年,有一名男子——只知道其姓名缩写是D.B.——视觉皮层里长了一个脑瘤,不得不做手术摘除,术后他的视野有一半是盲区,就是说他只能看到半个世界,即看到左侧那一半,看不到右侧的东西。有些动物虽然视觉区受伤或缺损,但是仍能做需用视觉才能做的事。例如,它们可以把头转向有闪光灯的方向。因为动物不能告诉你自己能否看见,所以个中原因尚不清楚。这个叫 D.B.的患者对医生说他什么也看不见,牛津大学由魏斯克兰茨(Larry Weiskrantz)教授领衔的科研小组决心一探究竟,看看他能否像动物那样做类似的事情。

研究显示,几件一般认为全盲者根本做不了的事,但是 D.B.都能做到。这让研究者大为震惊, 也让患者本人感到意外。他能指认方向来确定刺激——例如亮光——的位置, 还能说出某种刺激是运动的还是静止的,分辨出栅栏是横条还是竖条。最令人吃惊的是,对于连续出现的有色光线,他能说出颜色是相似还是不同。要知道,这一切都是在患者根本看不见光、栅栏或颜色的情况下完成的。事实上,读者大概可以想到,病人头一次面对这些实验任务时,一定会认为医生脑子出了问题:人怎么可能在全盲的视野里看见光和颜色呢?每次指向某个方向或者回答一串问题时,患者都觉得自己是在瞎猜;所以,当他得知他指向正确,回答也正确,因而从某种意义上说他还能"看见"时,他吃惊不小。

这类被魏斯克兰茨称作具有"盲视"能力的患者身上究竟发生了什么?原来,视觉皮层虽然是主观视觉体验的场所,但是参与视觉信息处理的不止它一个,大脑的其他区域也参与了由眼睛接收再传给大脑的视觉信息的处理过程。在视觉信息到达视觉皮层之前,要经过大脑其他的部分,甚至会分散影响几个不同的区域。研究发现,视觉信息可以激活多达 9 个脑中心区。在视觉皮层受损的情况下,某个辅助性的脑中心区在接到光点信息之后,仍能调动手指指向某个方向,这种情况完全是可能的。就像在一辆开往主干线终点站的火车上的某位乘客要提前一站下车,他将一个包裹交给一列从该终点站发出的火车上的另一位乘客。在终点站等候参与包裹传递的人并不知道已经发生的情况,但该包裹终会圆满送达目的地。

对这一现象作进一步研究, 其范围局限于一些罕见的重度脑损伤,但具备研究所必需的特殊性。结果显示,位于大脑其他部位的其他感觉也会造成类似现象。某患者大脑受损,一条胳膊完全失去知觉,但是在双眼蒙闭的状态下,他仍然能够对指令做出恰当反应,在胳膊被探棒施压刺激后,准确指出探棒的位置;这似乎就是人们所说的“盲触”现象。甚至还有一份研究报告了“盲听”现象:某患者的大脑负责传导词语理解的区域受损,完全失去了理解言语的能力,但是他竟然可以区分他读过的熟悉词语的发音和生疏词语的发音。

该患者仅剩5%脑组织(参见下页)。科研人员由这一病例认识到,大脑的能力是很强大的,能独立执行必要的功能,而且经常是在我们根本无意识的情况下便完成了。

大脑真的必不可少吗?

20世纪80年代,英国神经学家洛伯(John Lorber)报告了多个有关“空脑人”病例。“空脑人”是指患者的颅腔内除脑脊髓液几乎是空的。脑脊髓液是一种清澈的体液,正常状态下,大脑是漂浮在脑脊髓液里的。脑脊髓液的作用就像减震器,当头部受到碰撞时,它能保护大脑不受损伤。有人告诉洛伯,他所在的大学里有个学生的脑袋比正常人的稍大一点。洛伯用一台老型号的颅脑扫描仪检查,正常扫描会显现脑组织填充整个颅腔,但是这名患者,用洛伯的话说:“根本没有脑子”。洛伯在一次调研中发现过多个类似病例,患者的颅腔内只有薄薄一层脑细胞,其余全是液体,但这名学生却是洛伯发现的最奇异的病例之一。其实,这些人是有脑组织的,只是很少,仅相当于正常人脑容量的5%。

当然,在疾病史和病理学史上有很多悲惨的案例,脑组织重度缺损的人常常遭受严重的残障之苦。不过,洛伯报告的病例却有一个惊人之处:在于很多脑组织缺损的人竟然能过上和正常人一样的生活,能挣钱养家,有很好的工作,对自己脑袋里几乎没有一丁点脑组织的情况一无所知,有些人甚至还是注册会计师呢。

凡有脑缺损的人,幼儿时期都得过脑积水。脑积水就是大脑和脊髓周围的脑脊髓液通路被堵塞,颅脑压力渐渐增加,脑细胞就像吹气球一样被推抵颅骨内侧。

有些脑积水病人落下严重残疾,不过大约有一半病人,智力似乎没受什么影响,智商(IQ)能达到100(正常水平)或者100以上,其中原因目前尚不清楚。洛伯的研究报告是在20世纪80年代发布的,当时就遭到一些科学家的质疑。有人说:“大多数神经学家怎么会因为一个在校大学生戴了一顶大号的帽子就对他做脑部扫描检查呢。”近几年人们又找到了多个类似病例。2007年,《联网》(*Wired*)杂志发表了一篇题为《不需要脑子的法国公务员》的文章,报道一名44岁的法国男子因为一条腿有点软弱无力而去就医,经检查发现他小时候得过脑积水,脑组织严重缺损,只相当于正常人的25%。不过此人已结婚成家,育有两个孩子,并有一份固定工作,是个公务员。

脑组织在这样极端的条件下如何还能正常发挥功能?理解这一现象的关键在于一个“慢”字,脑脊髓液产生的压力是改变了大脑的大小和结构,但它是缓慢改变的,不是骤然改变。没有人敢说,人得了中风,还能用1/4或更少的脑组织将就。不过,这些非常人士的大脑想必是逐渐适应了一点点增加的压力,有些脑组织虽然被挤到一侧,但它们的功能却被其他脑组织接管。

这类病例固然有趣,但是碰到有人问“大脑真的必不可少吗?”,我们的回答还是“是的”。有些人的大脑只有原来质量的10%,却仍然有约100亿个脑细胞。脑细胞里有一部分是维持生命形态正常、稳定所必需的,但是还有许多大脑功能我们并不自觉,而且可能大部分时间都没用上,不过,一旦遇到紧急事件,环境激变,这些功能会即刻涌现出来,马上调取我们大概十年才会用一次的信息。一个人能够维持正常的居家生活,把握一份稳固的工作,只能说明大脑某些活动在发挥作用,而决非是一个完全正常的脑子所能达到的最佳功效。

你真如你所想的那么聪明吗?

人对科学的追求源于一种信念,那就是人所探寻的对万物的解说——比如宇宙的起源、遗传的机制、重力的本质或蛋白质分子的形态等等——都是人类头脑可以理解的。但是,假如人脑不能理解,又当如何呢?

大概诸位都有这样的经历,有些东西无论如何努力我们也理解不了。有时候是科学问题,比如物理学中关于弦理论的全部描述;有时候是文学内容,比如美国诗人史蒂文斯(Wallace Stevens)的诗歌;有时候与经济学有关,比如英国经济学家李嘉图(David Ricardo)的理论。不过,我们常把这种不理解归因于自己的脑袋瓜不行,或者不感兴趣。但是,假设人类的头脑根本不足以认识宇宙,而人类自以为只要收集到足够的数据,下工夫思考,就一定有办法认识宇宙,到头来岂不是自己骗自己吗?

人的大脑很复杂,能够想出许许多多新奇的事情,但是在宇宙的复杂性和人脑的复杂性之间并不一定存在匹配关系,只要比狗聪明的脑子都能完全理解猫与骨头的世界,抛出棍棒后运动轨迹的动力学原理。狗能理解的,我们人也不在话下。但是,我们真的只要对这些事情下足工夫,就一定会接近真理,把它们理解透吗?

前时,笔者参观了意大利佛罗伦萨的科学历史博物馆,站在3米高的托勒密宇宙模型前,我想,在哥白尼和开普勒出现前,这座模型多么完美地展现了太阳系行星运行的规律呀。模型由若干交错咬合的巨大齿轮构成,其设计旨在再现几大行星穿过夜空时的运动轨迹。体现着公元2世纪古希腊天文学家托勒玫(Clandius Ptolemy)的思想。托勒玫试图自圆其说:天体的运动轨迹基本是圆形的。然而天体的实际运动又很难按照这一观点来解释。

可如今,人们在认识恒星与行星运动时,哪里还用得上从大齿轮里生成的理论精要?简单而优雅的椭圆轨道论已取而代之,为它撑腰的是牛顿关于运动和万有引力的理论,该理论解释了天体只能像现在这样运行的缘由。

科学史上两类知识进步的事例比比皆是。先有"可以"说得通的认识,但它是不完备、有瑕疵的,而后这种认识被更完善的认识所代替,后者并不全然否定前者的合理性。牛顿的万有引力理论已被爱因斯坦的理论取代。于是注定不完善的认识要被某种新观念所取代,而新观念不归功于老观念。历史上曾有人空想出一种叫做"燃素"的神秘物质,来解释燃烧原理;一种据说是无所不在的介质"以太",来解释光波如何穿过真空。后来,这些名堂全被更合理的解释取代,由这些解释派生出种种预测,让我们相信这样的解释才贴近真理。究竟是哪一个范畴真正概括了当今的科学?我们会不会是在摆弄现代燃素自己骗自己?"弦论"会不会是现代版的托勒密宇宙模型呢?

即便在某些方面我们的思想观点是正确的,宇宙间有多少要认识的东西为我们真正认识?是50%,还是5%?仅仅认识理解0.5%大概应是实情,在人类的生命寿限内,就算我们聚集起全部脑力,能够认识理解的东西最多也就是1%到2%。

当然,有些科学家可能会问:只要我们有了计算机,人类脑力还算个问题吗?2008年美国国防部定制的一台名叫"走鹃"(Roadrunner)的计算机问世了,它每秒运算1000万亿次,是世界上运算速度最快的计算机。一位英国的计算机科学家估计"走鹃"的能力仅相当人脑的1/5到1/50。这位科学家说:"要再等三五年,它才会赶上人脑。"可以说将来,计算机作为辅助人脑从事科研的一种工具,其速度和能力几乎没有限制的。但是,要从何种意义上说计算机帮助人类理解了宇宙呢?计算机终究只是一件工具而已。据我们目前所知,宇宙中唯一具有理解力的事物是有感知力的生物,其中最优的感知生物可能就是我们人类。

所以，我们又回到这样一种可能，人类对宇宙科学解释的追寻可能是徒劳的。不过有一点可以肯定，在追寻的过程中，人类将遇到奇迹无数，而许多奇迹和过去一样，总会给人类带来新的发明和实用的发现。

第五种味道

我们很多人都记得在学校生物课上看到的人类舌头的图片,上面标着4种味觉——甜、酸、苦、咸,就像一张地图标着不同的地域。苦味在舌头后部,甜味在舌的前端,酸和咸均在舌的两侧。其实这个标法并不全对。可能舌头的某些区域味觉比较集中,但人和人是有差异的,尽管差异甚微。这就是一百年来人们自己做个简单测试就可以驳倒的科学"事实"之一。

但是,比起并不存在的味觉图,有一个事实更让人惊讶,那就是,直到20世纪末,人们一直认为只有4种味觉。可能除了日本人,没人知道还有第五种味觉潜伏在人的味蕾里,和甜、咸一样,都是基本的味觉,但是从来没有独立于其他4种味觉,被单独品尝出来,它就像色谱里有一种颜色介于绿和蓝之间,但是谁都没注意到一样。

更令人感觉怪异的是,多数人对新味觉无法辩识,西方语言里甚至连表述它的词都没有,不得已,人们用了一个日语名字"尤吗咪"(umami,鲜味)称呼它,在英语中的发音类似"you -mommy"。我们在英语里能找到的最贴近的词是 yumminess(味美)——帮助我们记这个名字,听起来根本不像是个表示知觉的词,看来倒有点儿像视网膜里有了一个"漂亮"视觉感受器。其实,很多食物都可以拿好吃、美味来形容,比如炸薯条,含化学物质谷氨酸比较多,这也是它吃起来有"尤吗咪"味的主要原因。很多快餐含有一种叫水解蛋白质的"鲜味"成分,我们现在知道,是它刺激了鲜味感受器。

那么,这样一个感受器怎么会悄然形成,而人类表达日常感觉的词汇里却没有一个词儿表达它呢?一种说法是,鲜味说明食物富含人类生存所必需的蛋白质。所以,我们虽然没品出滋味,也没想到"这食品是高蛋白",但是愿意多吃一些,这样,进化的目的达到了。

洞穴画家原来是孤独症患者!

20世纪,法国发现了几幅很美的洞穴岩画,有人认为这为了解欧洲的早期人类文明提供了新的线索。最先是在法国的多尔多涅省发现了拉斯科洞窟岩画,而后又在阿尔代什省发现了肖维洞窟岩画。这些岩画均以动物画为多,色彩丰富、惟妙惟肖,极具表现力。考古学家和文化历史学家们看罢,纷纷对所谓"原始"人的文化状态作出了新的推论。

有位学者写道:"动物均为彩绘,每只动物都展示了该物种的形体和特质。比如那头欧洲野牛,就是一种精神象征,它就是'野牛之父',野牛的思想,'野牛的风范'。"

另一位学者写道:"第一批岩洞壁画……当是符号过程的最初展现,这一点无可辩驳,这个符号过程能够传达由图像以及世代相传的传说构成的丰富的文化遗产。"

还有一位学者说:"壁画的意象显然是经过认真构思安排的,它强调了身体的某个部位或者动物的活动……因为这些都是(狩猎者)感兴趣的。"

以今人之心推想古人之意历来是件难事。历史学家达恩顿(Robert Darnton)写道:"(古代)欧洲人所思、所感与今人一样,匆匆下这样一个轻松的断语太容易了——假发、木屐全都有。"但是,上面引述的关于洞穴岩画重要意义的判断确有一概而论之嫌,被谈论的人生活在30 000年前,可不是一两百年前啊。

英国的心理学家汉弗莱教授(Nicholas Humphrey)注意到,那有着数千年历史的洞穴岩画和一个名叫纳迪娅(Nadia)的孤独症患儿的画作非常相似。20世纪70年代,英国心理学家对纳迪亚的情况进行了研究。而汉弗莱作比较的目的,是为了说明纳迪亚的画和岩画的相似度很高,这些岩画艺术家有可能就是孤独症患者。

将纳迪娅的画和她从未看过的岩画(至少纳迪娅画画时,肖维岩洞的壁画还没发掘)放在一起比对,结果十分诡异。纳迪娅 3 岁时画的群马图展现出相同的印象派味道,几乎可以和肖维岩洞壁画里的群马完全重合起来。还有,纳迪娅画的一幅走近的牛,让人不由得想起肖维洞穴岩壁上画的一头欧洲野牛。

事实上,汉弗莱像所有优秀的科研人员一样,研究工作做得很细,他得出的结论经过仔细推敲。他没有说岩画的作者患有孤独症,但如果一个 3 岁的孤独症患儿能画出和洞窟岩画一样的神韵、表现力和真实感,谁能说岩画的作者一定没有类似的心理疾病呢?汉弗莱的理论依据来自深入的科学观察。像其他严重孤独症患儿一样,纳迪娅在画那些美丽的作品的阶段还不会说话。待她最终学会说话,她身上早熟的绘画能力也随之消失,再也画不出从前那绝妙的图画了。汉弗莱想,会不会是因为产生洞窟美术的古人还不能用成熟的语言来表情达意,或者不会像所谓的"现代"人那样使用语言,描述起肉体和精神状况,既有很多象征手段,又可以总结概括?或许就与纳迪娅的情况一样,在早期人类的智力生活中,语言越用越复杂,于是词汇代替了图像,把冲动之下作画的能力给废弃了。

如果汉弗莱说得没错,30 000 年前洞穴岩画仍然是美丽生动的,但绝对不是"精神象征"的证据,也不是"一种能够传达出由图像以及世代相传的故事构成的丰富的文化遗产的符号过程。"它们仅仅是某个善于观察又是性情中人的穴居男女随兴而就的涂鸦之作,根本扯不上画师生活的社会艺术文化如何兴盛。

为何人在转动眼球时地球不跟着转呢?

听到这个问题,你第一反应恐怕就是一个反问"为什么会跟着转呢?"类似的问题还不少呢。但是如果你细想一下,外部世界的物体移动时,它的影像难道不在位于眼球底部的"屏幕"上,也就是视网膜上跟着移动吗?这想必就是我们知道物体正在移动的办法呀!可是,如果外界物体是静止的,我们的目光掠过它时,物体的图像不也应该跟着在视网膜上移动吗?同样,如果整个外部世界都在晃动,例如发生地震,那它在视网膜上产生视觉效果同人的眼球左右快摆产生的效果应该完全一样。我们是如何区分这其中的差别的呢?

或许我们可以根据世代的进化推测哪种情况发生的可能性比较大:是因为地球四下移动——这种情况几乎没有,还是因为我们的头或眼在动——这种情况时刻在发生?但是,当地球在频频的地震中确实移动了,哪怕是一点点,我们也会确定无疑地知道究竟发生了什么,照样说出差别。

该问题可以在人体的反馈系统里找到正确解答。你可以把这个反馈系统想象成通信网络,每当头或眼球移动时,该网络就向大脑发送信息,告诉它:"别担心——这个剧烈运动不是真的,不是世界在动,而是我自己在动。"

这就像美国广播电台时不时搞警报系统测试一样,一定要说一句:"请不要惊慌——这是模拟演习。"拉警报那天你要是没听见这句话,一准会担心!

但是,究竟是头和眼睛的哪个生理要素发送了信息,让我们认定是自己在动,不是整个世界在动呢?举例,会不会是头或眼睛里有运动探测器官,当眼球一动,它们就能激活?或者要么是有类似传感器的位置指示器,当一个人闭上眼睛试图用手摸鼻子时,它能大致告诉他手在哪里。

其实,只要做一个简单的实验,就能把这两种可能都排除掉。如果你闭上一只眼睛,拿手指轻挤另一只眼睛,让它上下移动,你会看到随着手指揉动眼睛,世界也跟着动了起来。如果眼睛里的运动探测器发出信息,告诉你这个世界不是真的在动,那么大脑就会认为世界是静止的,因为眼睛仍然在动,就像你用意念指挥肌肉使眼睛动作一样。同样,因为眼睛随着手变换位置而变换位置,手指又是在你主动移动它时,它才变换了位置,所以,你还会觉得世界是不动的,动的是你。

在这两种情形里,人眼运动的唯一差别是:当你用手指移动眼睛时,你是被动作为;当你用动眼肌运动眼球时,你是主动作为。实际的情况是,你主动选择移动头或眼睛,使之触发一个信号来告诉大脑:"别担心,世界没有动。"大脑发送给眼睛肌肉的部分信号折返回大脑,以撤消运动的印象。这个"撤消"信息在你用手指挤动眼球时并没被发送出去,因为大脑还没有发给眼睛指令。

拿科学蒙人

为了给药品和清洁剂做宣传，广告商经常在电视广告里添加伪科学成分。瞧，英俊光鲜的科学家手持文件夹，身着白大褂，一副智者派头，目光如炬正凝视着一排试管（现代高科技实验室里很少见）。再看这组动画，卫生间的面盆或者消化道里有一团看着都恶心的脏东西，那是细菌正在和除垢剂的颗粒或止痛药交战。再看看化妆品，每样都要标上几个科学名词，诸如泛酰醇、咪康唑，甚至添加了伪造的科学名词，如乔雅登（Juvéderm；中文名似为玻尿酸注射凝胶）或赛西施（Celsync，一种新的有助于提高免疫力的膳食添加剂）。一种含有“维生素原 B_{12} 和银杏精华”的香波，听上去就比不含这两样东西的香波更有效。

广告经理相信“科学”的力量：披着科学的外衣（就像“现实主义”披着现实的外衣一样），便于说服人们购买他们的产品。有两位心理学家别出心裁地设计了一个实验，实验证明，使用一些不熟悉却很有视觉冲击力的科技图像，可以让人们更加相信有关科学话题的解说。

让 165 名学生阅读一定量的科技新闻文章，文章内容都是关于如何使用所谓“功能性磁共振成像”（或称 fMRI）技术开展研究。这项技术号称能把受试者在执行不同任务时的大脑活动图像显示出来。研究者担心这些图像会产生误导，因为传媒使用这些图像时，经常说图像指出了大脑执行具体功能（如说谎、恋爱、信仰上帝等）的区域，确切地说，图像只表示大脑某些区域的血氧量有所增加。

为了验证这些图像是否强化了人们对科学解释的相信程度，研究人员编造一些假新闻报道，描述使用 fMRI 开展研究的各种实验结果。受试学生被分为三组。第一组读的文章只有文字描述；第二组读的文字部分与第一组相同,但除文字外,还有一张条线图表或者一个概括了相关数据的大脑示意图(也附在文本中);第三组除了文本,还有一张大脑图像,据说是为了阐明文中提到确认数据的区域。三则报道得出三种不同的结论:“看电视和数学活动有关”、“沉思促进创造性思维”和“玩电脑游戏有益于集中注意力”。

伪造文本所说的实验结果并非一定证明结论的正确性。学生还可能获得其他解释。同样的研究结果,如果配有伪造的科学图像,是否会更令人信服呢?科学家很想知道答案。

事实上,测试结果:条线图和大脑示意图不影响学生相信结论的科学真实性,但大脑图像对之有影响。文章附有大脑图像要比不附大脑图像,能让更多受试者认同文章的结论。图像被视为“证据”,研究者还认为,看见多张反映人的头脑内部实际状况的照片,和看见一张示意图相比,感受确实不同。

该小组的研究论文证明,fMRI脑部扫描是想骗人相信实验的结果。研究者写在论文结尾的话闪闪烁烁、欲言又止——我是这么觉得,其言下之意无非是:认知科学家在论文或经费申请报告里引用他们的实验结果时,不管有无必要,都应该多添加几幅脑部图像,以增加实验结果的可信度,这样他们就可以拿到更多的科研经费了。

吉尔伯特说得对

多数人认为人的政治观念是思考的结果,一是思考社会及社会应当如何组织;二是认真综合考虑各种政策的优点。而这同样又和被我们视为一个公正的有亲合力的人类社会所必须首先具备的东西有关。

但是,吉尔伯特(W. S. Gilbert)[就是吉尔伯特与沙利文(Sullivan)这个二人组合里的吉尔伯特]写道:"凡是降生存活在这个世上的每个男孩和女孩,要么是小自由派,要么是小保守派。" 近时,有两个科研小组证明,吉尔伯特所言基本属实。

2001 年加拿大的一个心理学家研究小组发现,实验对象的政治观点是有遗传基础的。他们找来 88 对双胞胎,把他们分成同卵双胞胎和异卵双胞胎两组。同卵双胞胎是从一个受精卵分裂而出,具有相同的基因。异卵双胞胎是两个独立的受精卵在同一个子宫内并行发育而成。

实验者给两组双胞胎出示一份问卷, 上边列有 30 种对不同生活事项的看法或态度,包括对字谜游戏和下棋的态度,对保护生命或社会平等的重要性的观点等,让他们回答同意还是不同意。实验结果非常明确。同卵双胞胎持相同观点和态度的人数远远多于异卵双胞胎。而且,表现与遗传高度相关的观点,都集中在一些代表性的保守看法,比如对死刑、流产、种族歧视和移民的态度。

一种解释说,人的态度和看法源于所处的环境,特别是深受父母观点的影响。但上述实验否定了这个解释:双胞胎不管是同卵还是异卵,都是在相同的环境里一起长大的。

近几年,美国内布拉斯加州大学的另一个科研小组就此问题开展了研究,表明大脑的生理学差异影响着人在面对威胁时所作出反应的方式。通过解析大脑的生理差异,研究者展示了遗传如何影响人对事物的看法。他们找来46名内布拉斯加人编成一组,这些人的政治观点十分鲜明,根据标准尺度测定,不是自由派,就是保守派。然后,研究者对他们进行一组生理测试,测量受试者对威胁的反应。他们给每个受试者皮肤上接上电极(因为皮肤导电),而后出示33张图片,测量他们的惧怕程度。多数图片都是情感呈现中性的照片,只有3张比较令人惊惧——一张是一个表情恐惧的人脸上爬着一只巨大的蜘蛛,一张是一个失魂落魄的人满脸血污,还有一张是一个开放的伤口爬满蛆虫。为了保证测得的对这几张图片的反应均和消极情感有关,研究者另外又出示一组图片,内含3张没有威胁意味的图片。后来出具的科学报告将其中一张特点描述为"小兔子"。

实验结果清晰明确。强烈支持保守派观点的人——如支持军费支出、死刑、爱国主义、伊拉克战争,反对和平主义、移民、枪支管理、外国援助等等,对威胁表现出较强的生理的反应。在另一生理学测试中,两组受试者也表示出相似的差异,该测试是测量人对巨大噪声的眨眼反应,结果证明,"保守派"受试者的反应比较夸张。

对威胁的生理反应源于被称为杏核体(amygdala)的一小片脑区,因形似杏核,故名。这个由细胞构成的核,其活动似乎是基因决定的,故而其处置调动身体对威胁作出反应的方式也由基因决定,而对威胁的反应又与我们如何形成政治观点直接相关。

这样的实验结果似乎也说明了,为什么凭论辩很难改变一个人的政治观点。在英国和美国等国家,两大政治集团你上我下,各逞其势而造成政治权力易手的选票比例其实是很小的,其变化一般是在45:55至55:45这个区间。在一国人口中自由派或者保守派占绝对优势的情况几乎不可能出现,至少通过自由选举来决定胜负时是这样。

美国科学家在对一组46名内布拉斯加人做了眨眼实验和皮肤导电实验后,得出一个发人深省的总括式结论:"我们的研究为两个情况提供了一种可能性的解释:一是带有强烈政治信念的个人信仰缺乏通融性,二是因缺乏信仰通融,所以政治冲突无处不在。”

吉尔伯特也许是有此见地的第一人,但他的研究并非一贯精确。紧跟关于自由派和保守派的那句叙述,后面还有一句:“如果国会议员也有大脑和小脑,当他们在议院里发生意见分歧时,就不得不在议院大门外留下大脑,照各自领袖的意思投票。”其实人的小脑和智力没有什么关系,它只负责协调人体的动作控制。吉尔伯特这句话读起来还挺押韵的呢。

章注(参见第 130 页):大多数人一般只注意数传球次数,没有注意某个身着大猩猩外套的人缓慢地穿过画面,先站在场地中间拍打胸脯,而后继续穿场而去。那些后来描述场景而没有提到大猩猩的人,并不是记忆出了问题,而是信息转换出了差错。只有 10%的人在集中精力数传球次数时还注意到了大猩猩。

第五部分

原子与分子

世界最小的器乐三组合

一架木琴、一把吉他、一只鼓，每样乐器还没有一个红细胞大，这便是新兴的纳米技术领域的研究成果。20 年前，美国幻想家德雷克斯勒(Eric Drexler)和理论物理学家兼邦戈鼓手费曼(Richard Feynman)预言了这项技术，现在，它已经疾速发展到科学家能熟练操纵原子和分子的水平，他们用原子和分子制成各种形状、结构的小机器，小到人的肉眼根本看不见，甚至用一般的光学显微镜也不一定能看得到。

纳米技术的应用具有无限可能性。凡是对人类生活具有重要意义的东西都是由分子构成的——基因、微芯片、药品，甚至污染物。在纳米技术出现之前，对原子和分子的整形和修复都是间接进行，因为我们看不到这些微乎其微的小东西，更不能有效地操纵、调遣它们。科学家对其中很多分子的结构有了较为细致的了解，他们看得出来，要想制出更好的药物、更高产的农作物、更小的微电路，有必要对分子做一些改变。但是，怎么说呢，打个比方吧，因为当时科学家的手指太粗笨，直接改动他们做不了。

现在好了，科学家们已经开发出相关技术，可以确切直接进行分子操作，制造具有新型生物功能的分子结构。

科学家目前正研究如何摆弄这些微结构。他们一直尝试着使用非常精准的光波加热分子结构，以使之结构发生改变。在制作那几件“乐器”时，研究者们构建出几个框架，固定了几组不同长度的硅原子，因此它们能以不同的频率振动，就像一个吉他的琴弦一样。压紧这几根硅原子琴弦的两端，再用一束光加热，光产生的压力会使琴弦振动，振动频率依琴弦的长短而不同。这项研究的最终目的是开发出控制电子电路的低能耗技术，取代现在由线路实现的电路控制，以纳米尺度衡量，线控电路比纳米吉他大得多。

这种装置有可能将会替代现在手机里使用的石英晶体振荡器,功能完全相同,但能耗要低得多。

那几样微型乐器如果拿来演奏音乐,都有一个小缺陷。因为它们太小了,肉眼看不见——15 000 个纳米乐器加起来才 1 厘米长——所以,它们奏出的“音乐”的音高太高,裸耳根本听不到。它们的音域要比普通吉他高 17 000 个八度音阶呢!

为白贝罗鸣不平

多普勒(Christian Johann Doppler)因为提出某个效应而赢得了美誉,可是这点美誉可怜的老白贝罗(C. H. D. Buijs-Ballot)一点边儿也没沾上。什么效应?这个效应我们每个人都不陌生,这么说吧,就是响着警报器的救护车或者警车呼啸而来,又呼啸而去的那种声音效应。

说来有趣,铁路发明之前,没人体验过声源倏然而近又倏然而远所产生的音高变化。笔者想,音高分辨力正常的人可能会注意,当一个骑兵用喇叭吹着一个调从他身边快速经过时喇叭的声音有些变化,但是这种体验并非人人都有,因为他不好确定骑兵经过时是不是有意改变了音高。

这个效应之所以让多普勒成名,是因为他是提出该效应的第一人,不过,他是针对光波而不是声波提出来的。他提出:如果恒星向着地球移动,它们发出的光看起来会偏蓝;如果背离地球移动,光看起来偏红。后来证明,多普勒的见解具有极为重要的价值,多年后,天文学家利用所谓的“光谱偏移”计算恒星在视线上的移动速度,印证了宇宙在不断扩张的这一观点(参见第6页)。

不过,声波也会产生相同的效应,这可是白贝罗的发现。声波效应比光波效应与日常生活的关系更密切。在科学界,在观察到一种非同寻常的现象之后,往往会寻求对它的解释。不过,关于声波效应,白贝罗的解释在先,他需要一种方法验证将此效应用于声音是否能得到可以证实的观察结果。

当时,沿轨道行进的蒸汽火车刚刚问世,它也是检验该理论最快的行进方式。1845年有两个整天,荷兰由乌得勒支至马尔森的铁路沿线附近的居民,看见一辆拖车载着一排号手在铁轨上过来过去。号手们吹着毫无乐感的音——至少是不入调吧——从一群音高分辨力很好的乐师身边通过,乐师们就记录下听到的准确音高。他们的数据证明了多普勒理论适用于声音——火车从脸前疾驰而过时,声音由高降低,而音高的降幅与火车的速度有关。

道理很简单。一个音符的音调直接取决于每秒钟到达耳朵的声波数。如果声源是朝向听者移动,同声源静止不动相比,每秒钟到达听者的声波更多;如果声源背向听者而去,每秒到达测试者的声波会更少。听者相向或背向一个静止的声源移动时,也会出现同样的效果,只不过这种情况不为人们熟悉罢了。想象一下,你乘船驶过一片湖水,风在湖面上形成规则的波浪,船如果逆风而行,每分钟穿过波纹数会增加;顺风而行,每分钟穿过的波纹数会减少;如果行驶速度和波浪速度刚好相等,波浪看上去像是静止的。

白贝罗没能因为把多普勒效应应用于声音而获得美誉,不过最终他还是在自己的专业气象学里搞出了一条以他的名字命名的定律——白贝罗定律。这条定律说:如果你在北半球背风而立,那么低压区在你的左边,高压区在你的右边。这是因为风走的是逆时针圆环形路线,环中央是低压区。到了南半球,情况刚好相反。

核弹爆炸的尘埃也可利用吗？

原子时代早期，一些国家热衷于威力强大的原子弹，纷纷研制自己的武器。研制过程的重要步骤是进行试爆，试爆的位置一般选在非常偏远的地区，比如太平洋群岛。20 世纪 50 和 60 年代多次进行氢弹试爆，在试验场地产生了大量放射性物质。由于当时知识有限，当地一些居民和参加试验的人员均遭受辐射之害。不过，实验产生的放射性的影响面要大得多，主要是放射性粒子扩散进大气，并随着气流被带到全球各地。不少人摄入了放射性粒子，特别是锶 90 和铯 137，它们都是具有长久影响的放射性物质。即便已经放弃大气核试验很多年，科学家还是从收集到的新生儿乳牙内检测到微量的锶 90。因为，自然界不存在锶 90，锶原子肯定来自核试验。

不过，大气核试验还产生另一种原子——碳 14，它成了很多研究项目的焦点，这些研究算是给核试验的蘑菇云镶上了一道金边。

1992 年，奥地利的一名法医专家碰到一个难题。一对老姐妹死在维也纳的一所公寓里。人已成干尸，由此判定死了很多年，但是邻居一直没发现。这种悲惨的事例一般不涉及犯罪情节，所以不会引起警方或法医的注意。但是，姐妹俩都有养老金，在好几家公司买有保单，而不论哪一位后死——看样子两姐妹也不是同时死的——都由她继承另一位的养老金和人寿保险，大部分钱会移交给活着的那位姐妹的保险公司。

考古学家利用碳 14 确定考古发现的年代，但是这项技术只能精确到几百年。维也纳大学两名物理学家另想了一个办法。大气里的碳 14 含量每年都不一样。1950 年到 1960 年代后期，因为进行了多次核试验，碳 14 的含量达到一个峰值，之后缓慢降至较低水平，但这个水平仍然比 1950 年前的任何时候都高。

大气中的碳 14 被人体细胞吸收，其含量就是人体细胞形成之时大气中碳 14 的含量。人体的某些细胞终身不变，故而细胞内的碳 14 含量可以指示出生日期。但其他细胞是不断分裂、再分裂，故而，这些细胞的碳 14 含量和细胞生成年份的大气的碳 14 含量相当。

回到维也纳两姐妹案。物理学家测试了她俩骨骼里的脂肪细胞，脂肪细胞就是在姐妹死之前产生的，所以可以测定两姐妹的死亡时间：一位死于 1988 年，另一位死于 1989 年。就这样，遗产继承权问题迎刃而解。

这个案例很有趣，但结局并没有石破天惊。20 年后，使用核试验产生的碳 14 在生物体内的含量来测定时间，已经用得遍地开花了。有一组科研人员发现，DNA 分解时碳 14 含量的瞬态值会被固定。他们利用这则新知识发现，大脑的某些区域在人出生后再没有新的脑细胞产生，很多科学家以前就这样认为，但是无法证明。牙齿也是不产生新细胞的人体部件，利用牙齿的碳 14 含量可以确定出生日期。

澳大利亚的阿德莱德大学有一群科学家专门研究葡萄酒；他们利用这个新技术来识别葡萄酒的制造年代，方法是分析酒里的碳 14 含量，因为葡萄酒是从葡萄的糖分里酿造出来的，而葡萄在生长当年一定从空气中吸取了碳 14。

测不准的未来

很多人都听说过海森伯测不准原理（Heisenberg's Uncertainty Principle）。该原理说：在观测基本粒子时，不可能同时确定粒子的位置和速度。为了观测全部，必须使用某种方法，影响要观测的对象。如你设想这样一个世界，我们生活在其中，只能通过触觉来感知事物，触碰一个物体探知其在哪儿的这个动作，可能会改变它的位置。如果物体在移动，“碰触”还会改变它的速度或运动方向。

观测原子微粒也有点类似。为了能“看见”微粒，我们要向微粒打一束光或施加别的能量，那么，光束碰到微粒的那一刻，便会使它的特征——位置或速度——有所改变，变得不同于我们观察之前的样子。

这太过于简单化了。听起来似乎是测量仪器出了问题，而实际在海森伯看来，测不准原理反映了原子微粒的一个基本事实，那就是同时具有确定的位置和动量的物理状态是不存在的。位置和动量这两个物理量，一旦测量到其中一个，另一个就变得不确定。

对粒子物理学而言，这是一个重要的观察结果，然而对于诸如桌子、板球和狗这些大的物体，这个认识所呈现的相关性总是弱一些。这些大的物体都是由几亿个原子构成，而测量其中任何一个原子时所呈现的不确定性实在太小了，以至就我们在宏观世界里关注的速度和距离而言，测不准原理的影响被认为是不可检测的。

早在原子物理学还闻所未闻的年代，法国数学家、天文学家拉普拉斯侯爵（Marquis de Laplace）想象出一个“魔”，宇宙中所有原子的精确位置和速度他都知道得清清楚楚，并说，如果有足够的计算能力，再运用牛顿定律，他就能计算出未来宇宙所有的运动轨迹。在海森伯的测不准原理提出之后,人们还是相信,对于一个类似台球桌和台球构成的简单的物理系统,只要知道每个台球的精确的起始位置和速度,利用牛顿运动定律,便有可能计算出你想知道的任一时刻台球的运动轨迹。

但事实上,这是不可能的。美国物理学家雷蒙德(D. J. Raymond)在40年前所做的计算结果显示:你只能比较准确地预算出桌面上台球在前11次碰撞中的运动路线和速度,这之后,无论测量多么精确,与每次碰撞相关的所有不确定因素都会随着每次碰撞被放大,故而在第11次碰撞之后不可能再对台球的运动情况作出预测。

现在看看他的推理过程:不论我们用母球撞击第一个球时瞄得有多精准,我们都不能以小于某个极小数的精确度测量球的位置,因此,在估计球撞击后的位置时,总会有一个极小的误差。这个极小的误差将在下一个球运动时造成一个很大的误差,而后误差越来越大。这样,那个在最初还是个很小数的不确定性,会随着后来撞击次数的增加而被极度放大。雷蒙德对台球的质量、半径和撞击距离等等都做了假设,并且计算出经过多少次撞击会使误差累计大到足以让我们不可能以实用的精确度来预测台球的运动情况。这就是他得出上述计算结果的过程:在约11次撞球后,便再无法以实用的精确度来预测台球的运动。

当然,在真实世界里,不精确源大大多于量子不确定性——台球桌和台球的不规则性、球手手部的颤抖,甚至温度的微小变化等等。所以,实际预测等不到第11次撞球就已经不准了。不过,拉普拉斯要是获悉他的"魔"不仅不能凭着对宇宙现时状态的全面了解来预测宇宙的未来状态,甚至连几个台球在接下来的10秒左右的运动情况都无法预测,他一定会很惊讶。

人为什么不会掉进地板里?

科学家们惯于问一些让不搞科学的人听起来很愚蠢的问题,譬如:"人为什么不会掉进地板里?"甚至有一本书还用这个问题作书名。凭我们的日常经验看,地板表面是坚固的,它的唯一功能就是防止人掉下去。这是我们对地板的起码要求啊!不过,这类看似"愚蠢"的问题其实包含了一种对地板的认识,对地板构成的了解,和我们已知的常识大不一样。

就说这个例子吧,地板是原子构成的,正是有了关于原子本质的认识,才会引出这个问题。

原子是物质构成的基本要素。原子的概念约有2500年历史了,不过其间,人们只是想象原子是如何坚硬的小球,并未真正了解它。直到20世纪,人们对原子的面貌才有了更细微的描画。这幅原子图画充满了谜团,反映出把物理与数学概念想象成图画的局限性。

如今,根据一个世纪的科学探索描绘出的原子"图"是什么样呢?它是由一个直径为1个单位的坚硬的原子核(稍后我们再说此处的单位是什么意思)和围绕它的、由质量轻得多的一些微粒(电子)构成的云团组成的,云团半径为30 000多个单位。原子质量的99.9%多集中于原子核,故而,原子核与原子"外表"之间几乎没有质量,甚至连电子都没有真的在"那里"。虽然电子有时也能存在像微小的实体球那样行为,但是科学家们一般认为它们就是一团密度有变化的云,云团密度最大的地方最有可能就是电子存在的地方。只有当科学家使用精密仪器从中弹出一个电子,或让它产出辐射时,才是电子"存在"的唯一时刻。此时,不仅可以知道电子的位置,还知道电子在重新消失于云团之前作为本次观测的结果是有质有形的。

这就像家住英格兰的一名下议院的女议员,可以用一团云来表述,这团云在她的家所在的那片区域和下议院密度很高,在她家附近的大型购物中心区密度就低一些,在她的健身房密度也低,在格拉斯哥贫民窟或本尼维斯山顶密度会非常稀薄。但女议员本人身在何处不知道,除非有人和她撞在一起,此时云团立时变得浓重,一个40岁穿件时髦大衣的女人就此现身。

回过头说说原子。假如原子核和一个直径10厘米的橘子一样大,那么电子云团的边缘(也就是超过了它,找到电子的可能性极小的那个点)会有3千米到30千米那么长。所以,任何由原子构成的实物——比如一块地板——可以说99%的部分都是空的,就像一块辽阔的平原上隔几公里散落着一个橘子,质量极少的电子云漂浮在周围。

先放下橘子和千米不说,说说真正用来测量原子核距离的单位叫做“费米”,即一千万亿分之一米(10^{-15}米)。原子核直径大概有两个费米,而原子的半径约有100 000个费米,所以,100亿个原子排成一队,长度才有1米。

“人为什么不会掉进地板里?”估计诸位现在会看出来这个问题为什么这样问了。其实,该问题的内涵可能比你乍一想到的还丰富。不仅仅是“实实在在的”地板内原来大部分是空的,立在地板上的鞋子或脚也都是原子构成的,空间与质量之比同样大得不得了。为什么这两个基本上是空荡的空间构成的集合物在碰到一起时不会彼此交叉穿过呢?这就像两支相距几千米远、沿英吉利海峡相向行驶的舰队。

问题的答案在于一种常识——但这常识经常被误解——“实心”究竟是什么意思?如果我们认为该词意为一个空间充满了质量,那么地板似乎就不是很实在。但是,我们需要在我们的认识加入原子的另一特性——围绕原子核的力场。当两个原子靠近时,会受两种力的作用,一种是吸引力,一种是排斥力。一个原子向另一个原子靠近,最后会停在两种力互相平衡的某一点上,于是,原子被牢牢地固定在这个位置上。一个原子团是由两种结合锁定而成的,譬如地板这样的固体物,其他原子要想拆散它们,也要达到一个平衡点,由这个平衡点再向前靠近一点儿,就必须克服更强大的排斥力,而这个排斥力要比把你的脚拉向地板的重力大得多。

所以,等下次在房间走动时,你可以想象一下自己的脚和地板是被两股强大的原子排斥力撑开了一个微小的间隙。为什么人不会从地板上掉下去?原因就在此。

斯洛汀的临界质量

成就辉煌的科学家常常敢于思考,爱用头脑冒险,此举除了给人以犯傻、胆大的印象外,并不会产生负面后果。不过,冒险实验却极有可能造成严重后果。有一个加拿大的年轻物理学家,叫斯洛汀(Louis Slotin),20 世纪 40 年代在洛斯阿拉莫斯参与原子弹研制项目, 他就亲身经历了冒险实验的严重后果。工作期间,他和其他科研人员想弄清楚一个过程,结果他赔上了性命。

要成功地制造出原子弹,必须弄清楚几个关键的物理问题,其中之一就是浓缩铀或浓缩钚的"临界质量"的值。铀和钚在一定条件下会发生爆炸性的链式反应(参见第 35 页)。这个数值虽然理论上计算可以得到,但是通过实验检验计算结果也至关重要。为了确定这个数值,斯洛汀做了多次测试。他用两块钚做实验,两块钚和一劈为二的板球一样大小,他让它们慢慢靠近。

在链式裂变反应里,放射性元素铀或钚会释放中子。通常情况下,只要有少量的放射性元素,就会有大量的中子释放出来,其中一些中子与其他原子发生碰撞,使更多的中子释放出来。大部分中子会逃逸掉,只有少部分中子与其他原子继续碰撞,释放更多的中子。钚低于某个质量时,中子的连续释放只能产生热和低强度放射,中子释放的速率越来越低,直至停止。但是,如果铀或者钚的质量足够大,中子造成其他原子释放中子的速率会越来越高,并自行保持。撞击原子的中子数将不断增加,最后,整块铀或钚在一次核爆中耗尽。

原子物理学家把确定放射性元素临界质量的过程比作"摸老虎屁股",斯洛汀正是一个比较有经验的尝试者。他做了 50 多次实验,每次他一边慢慢移动两块亚临界质量的放射物，一边听着中子计数器的滴答声，观察中子释放的增量。当他把两块放射物相互移近时，中子计数器的滴答声会越来越快；他必须把握好时间，就在链式裂变反应即将发生之际停止移动，然后测量两块放射物的间距，物理学家凭此计算出造成核裂变链式反应的钚元素的总质量。

1946年5月21日，斯洛汀用一块钚做实验。这是最后一次，要在爆炸之前完成。有几名同事和他在一起。只见他调整着两个钚半球块上的外罩，外罩是用来将中子反射进链式反应，加快反应速度的。他做这个动作，是一手持螺丝刀将两个半球分开，另一只手用力扳动外罩。(此时，原来分开两个钚块的填隙片已被他抽走。)突然，螺丝刀从他手里滑落，外罩也没稳住。两个钚块一下吸在一起，引起临界反应，致命辐射勃然而发。屋里的科学家们看见一道蓝光，斯洛汀离钚块最近，嘴里感觉有股酸味，手上有被灼伤的剧痛。那一瞬间，他知道自己必死无疑。他遭受的辐射剂量相当于距离一颗原子弹爆炸点1500米处所受的辐射量。他还知道同事们也遭受了大剂量辐射。斯洛汀迅速画了一个草图，标明临界反应发生时在场所有人员的位置，而后催促同事紧急分乘两辆吉普车赶往医院。

9天后斯洛汀去世了，死前医院多次给他输血，但毫无效果。输的血液是从他未受辐射的同事身上采集的。在现场的其他人员都患上了后遗症，但是没死。

这场事故当时被列为绝密。多年后，事件被公开，斯洛汀的朋友们把他描述成为一位舍己救人的英雄。1995年发表了一篇文章，专门讲述这场事故；文章标题是《实验突发事故，加拿大年轻科学家舍身救友》。1956年，斯洛汀的一个朋友写了一则追记："斯洛汀好像条件反射似地向前一扑，徒手将两块放射物扯开。其他人骇得直喘粗气，斯洛汀转过头，脸色煞白、满是惊惧，示意大家快点离开房间……这位年轻的科学家献出了自己的生命，像他的很多拿枪的战友一样。"

后来人们才知道，斯洛汀的同事曾建议他用安全设备把两个半球分开，防止发生事故，斯洛汀却回答说："非要我用安全设备，我准会出事。"他死后那些年，人们对他的印象一直是爱幻想，喜欢虚构，好把个人的经历讲得天花乱坠，而且是个冒险狂。1993年，他的一个老同事提到：有一次，斯洛汀要求关闭一个反应堆，这样他可以对一个在水箱底部做的实验做一下调整。水箱里的水是用于吸收辐射的。但他的请求被拒绝了。于是他就趁周末跑过去，脱得只剩内裤，潜到水箱底，而那时反应堆还在运转呢。

看来斯洛汀事故可以不发生，人也不必死。斯洛汀作为一名科研工作者，实在太鲁莽了。

高楼大厦

不知诸位留意过正在建设的摩天大厦或高层建筑没有。如果有,你会发现,在地基打好之后,施工的第一步是在要建地板、墙壁和天花板的地方搭建结构框架。如果搭钢骨架,而非钢筋混凝土骨架,建筑施工队会在地基上安装固定一个几层楼高的由多根钢柱构成的框架,钢柱间以横梁连接。建筑根基的柱桩最厚重,因为它们要支撑整个建筑物的重量。最低层的框架完工后,就往上增加柱桩,往高处建设。此时用的柱桩不似根基那么厚实,因为它只需支撑其上边的地板重量。这样,楼越建越高,立柱也越来越狭,越来越轻,直到楼顶。

楼房越建越高——据说迪拜计划要建一座高1000米的大楼[①]——地基上的柱桩就越要粗重,因为它们要支撑更大的重量。不过,对于新建的最高建筑物,比如正在纽约世贸中心原址建造的自由大厦,建筑师在设计这些庞然大物的时候,还会遇到一个意想不到的情况。柱桩除了要承受上边巨大重量产生的压力,还必须能承受向上的力,与地球重力的下拉方向相反。建筑物在使用过程中,有时候出现这样的情况:地基上的柱桩无须支撑重量,反而是往下拉住建筑物。

这是怎么回事呢?原来,建筑物越高,越容易随风摆动。强风吹抵建筑物时,由于建筑的阻挡,风被劈为左右。风由左右吹过,产生涡流,就像漩涡,对建筑物形成连推带拉的力,使之前后摆动,如同一支渐慢下来的音叉。其实,如果建筑确实摆动倒是好事,这样能吸收一些风力。但是,如果它倾向一侧,势必会牵拉建筑物另一侧的柱桩,而如果风力很强,则不只是减少柱桩支撑的重量,还会形成将柱桩拔起之势。另外,设计师要考虑一个新

① 迪拜的这幢高楼已于2010年1月4日启用,大楼公布高度为828米。——译者

问题，建筑物倾向的那一侧的柱桩，其设计承重能力一定要大于建筑物的重量，因为——就像是玩跷跷板——一边上翘时，另一边一定会降下。

建筑物摇摆的方向也会令人惊奇不已。我们通常认为，风吹向建筑物的北面，风力足够强的话，建筑物会摆向南面。事实上，涡流造成的摆动会使建筑物从一侧摆向另一侧，摇摆方向与风向垂直。如果风很强，由风引起的涡流也很强，强到能刮倒建筑物，那么建筑物最后会倒向东边或西边，恰恰不是南边。

伊特比的宝藏

化学元素是一切物质的建筑材料。在18世纪初，人类发现的化学元素约有15种，其中一些为人熟知，要么是一些金属，如金、银、铜、铁等，要么是一些被用于原始制造过程的物质，如硫、磷。自1700年以后，化学变得越来越复杂，从炼金术脱胎换骨，注入了很多理性成分，更多元素被人们发现。凭借它们的本性，化学元素广泛分布于地球各处，地面、空中和海洋，到处都有。不过，首次发现某元素的地方却纯属巧合。1825年到1826年，法国化学家巴拉尔(A. J. Balard)在蒙彼利埃的实验室发现了海水里的溴元素。差不多在同时，德国的罗威克(C. Löwig)在矿盐里也发现了溴。

但是在地球上的一个小地方，居然发现了7种化学元素。1794年，在瑞典雷萨罗岛上的一个采石场，芬兰科学家加多林(Johan Gadolin)发现一种化学元素，他以采石场附近的一座叫“伊特比”的村庄给该元素取名叫钇。此后一百年间，在同一座采石场又发现了6种元素。命名者不是缺乏想象力就是想把人搞懵，钇之后发现的三种元素都以村庄的名字命名，分别叫铽、铒和镱①。从19世纪末到现在，又有几种元素在当地发现，命名者总算想出点新意，于是有了以加多林的名字命名的钆元素(Gadolinium)，以瑞典首都斯德哥尔摩的拉丁语名命名的钬元素(Holmium)，还有用斯堪的纳维亚诸国的老叫法命名的铥元素(Thulium)。

---

① 瑞典的伊特比(Ytterby)以元素钇(Yttrium)、铽(Terbium)、铒(Erbium)和镱(Ytterbium)的发现地而闻名，这4种元素中都包含村庄名中的几个字母，如钇元素(Yttrium)，其前3个字母出自“Ytterby”。——译者

原子粉碎机粉碎了什么？

原子粉碎机也叫“粒子加速器”。一般人对它的印象无外乎是一种设备，可以用很高的能量把原子撮在一起压碎，这样我们就能看见原子内部是什么样子。之所以有这样的印象，都是因为“粉碎原子”实验的几个特征造成的。原子及构成原子的一些微粒，如电子和原子核(参见第167页)，肯定是以极高的速度被抛向对方，它们肯定碰撞，碰撞之后肯定出现先前没有的、会被看作是来自原子“内部”的各种粒子。

你可以把这个过程想象成两列高速相向疾驰的双层巴士，相撞后，它们会分解成座椅、发动机、车轮和车窗，不用说，还有乘客、司机。但事实上，原子撞击和撞车完全不一样。物理学家建造粒子加速器，能引起能量越来越高的碰撞，其目的是产生以前根本没有的粒子。这样碰撞的结果之奇异，相当于两辆双层巴士相撞，撞出了1辆白色的福特-蒙迪欧轿车、1辆黑色的哈雷-戴维森摩托车、1个电炉、3张木制饭桌、100只茶杯、6个大礼盒、再加上1吨白灰。够奇异了吧？

如果实验进展顺利，接下来会发生这样的事：碰撞的速度太快，所有粒子被转化成能量。爱因斯坦的一个最重要的创见就是质量等同于能量，质量和能量可以相互转换。他的方程式 $E=mc^2$ 就是质能转换率，就像英镑和美元的转换公式为 $£=\$c^2$ 一样；其中，c 如是1.25的话，则 c^2 就是1.56，即1英镑可兑换1.56美元。100英镑换成156美元后，你还可以把156美元换成你想要的其他货币，此举与你拿英镑换美元没关系了。

所以，粒子碰撞后的第一结果是所有粒子一同消失，就像英镑消失一样。它们被一股能量——相当于一捆美元——给代替了。紧接着这股能量转化成粒子。因为这股能量没“记忆”最初参与碰撞的粒子，所以它想变什么粒子就变什么粒子,但是完全按照质能转换率转换。如果经常做这个实验,那么高能量碰撞产生的粒子中一定会出现当今宇宙里没有存在过的新粒子。物理学家正在运用这个知识,使用粒子加速器再现宇宙早期的状况(参见第6页),他们认为,在那种高能环境里曾经产生又毁灭过各种粒子。

见过中微子吗?

人们花大量的人力物力建造粒子加速器(参见第174页)只为一个目的,那就是探测一部分最小的物质粒子。想想这个,再看看任何人凭着一双眼就能观察到一种最小的、最轻的粒子——中微子,你会觉得吃惊。实际上用不了两只眼,一只眼就够了。

中微子是奇怪的粒子,与质子、中子、电子等普通物质的构成要素相比,它显得很神秘。因为后三种粒子都是有质量的。虽然电子比质子或中子的质量轻,是它们的1/1840倍,但仍然有可能测出它的质量。可是,中微子的质量太轻了,大家测了这么多年也没人能测到中微子的质量。科学家认为中微子肯定是存在的,因为有些物理方程式必须有中微子才能平衡,但多年来一直没有办法展示它的存在。中微子极轻是测不到的一个原因。中微子几乎没有质量。"正常"粒子的质量已经微乎其微了,而中微子还不及电子的质量一万分之一。

于是,就有了下述结果:如果中微子碰到普通物质,会从中穿过,从另一侧穿出。听起来有些不可思议,好像跟你的预想正好相反,是吧?设想一颗子弹和一粒花生从枪膛射出,射向一块水泥板,你可能预料子弹比较重,会穿过水泥板,而花生会被挡在水泥板前。了解中微子的行为特性,须要懂得所谓"实"的物质其实大部分是空的(参见第167页)。不过,在"空荡荡的"原子内的有些粒子是带电荷的,所以,你向一堆原子发射一个带电荷的质子,迟早它在原子内部的电荷的作用下行进中发生偏斜,还可能被电荷吸收。中微子几乎无质量,也几乎不带电荷,或许它那一点电荷比影响较大质量和带较多电荷的原子微粒的电磁力要微弱得多,只有1/1000。正由于中微子的质量和电荷太微小了,以至于它能从厚达1光年的铅层里穿过,从另一头出来,还可以毫发不损。

由于任何中微子与其他微粒子相互影响的概率非常小,很多中微子一直不停地从太阳到达地球表面。向着太阳的地表面每平方厘米每秒接收700亿个中微子。绝大部分中微子直接穿过地球,从另一侧穿出,但有时碰巧条件合适,物质内部会发生相互影响,结果出现比光速还快的电子。

或许咱们该理一理思路了。某物质——即使微小得与电子一样——移动比光速还快,那又怎样?懂一点物理学知识的人都知道——真空中没有什么物质能快过光速。但是在其他介质里——例如水里,光速一般要比在真空中慢一些,也许比它的最大速度慢一半,这时粒子的速度有可能超过慢光速。如果发生这种情况,粒子会爆发出一道蓝色辐射,几乎就像某物的速度超过音速时发出的声爆一样。为探测中微子,科学家利用一只巨大的容器,里面充满一定密度的透明物质——诸如重水或干洗液。因为地球表面各处时时刻刻都沐浴在中微子里,所以,如果科学家花足够长的时间等待条件恰合适,他们就会探测到那泄露天机的蓝色辐射,并由此可以证明中微子与透明物质发生了相互作用。

那么,人眼有可能探测到中微子,这个说法对吗?这是个概率问题。人眼就像一箱透明物质,每秒钟通过的700亿个中微子中正好有一个触发了蓝色辐射,人眼是会经历这个互动效果的。偶尔,地球还会受到来自太阳之外的中微子的轰击,比如来自一颗正在爆炸的被称作超新星的恒星(参见第18页)。1987年有一次超新星爆炸,其结果估计1000—5000人经历了一起中微子“事件”,而如果发生该事件的地点刚好是眼睛,其中一部分人一定看到过标志有中微子通过的蓝光一闪。因此,正如中微子每天轰击地球,会在某地某时在某人眼内引起一个类似的蓝闪。但是,人们看到它、报告它,并宣称自己看见过中微子的机会微乎其微,就像某人要拿中微子当饭吃一样。

岩石里的时钟

2001 年怀尔德(Simon Wilde)和他的地质学同事们说:“这块石头已经44 亿年了。生日快乐!”(笔者开玩笑呢)。怀尔德说的是地球上最早一块石头的年龄。奇怪,他怎么会知道这块石头的年龄呢?

测定岩石年龄的最精确方法是利用锆石。锆石也称“12 月诞生石”,算是一种半宝石,颜色很多,外观纯净如钻石。由于它特有的物理性质,近些年常被用来测定岩石年龄,是精确测定的最佳办法之一。锆石到处都有,大部分岩石中都有微小的锆石粒。

地球形成于大约 45 亿年前。形成初期,它曾遭受高密度的陨星轰击,轰击产生巨大热能,融化了地表物质。当熔化的岩石冷却后,一些原子团(包括锆原子)形成了晶体。这些晶体一直到现在都没有变化。说它没变,是指除了一种实用特性之外,其他没有变化。锆石晶体的晶格偶尔会接收一个铀原子,而非锆石原子,所以在形成时,锆石晶体里散布着一定数量的铀原子。铀原子会按已知的速度衰变,最后变成铅原子。另外,锆石晶体在形成时,内部不含铅原子。从结晶开始,随着铀原子的衰减,锆石晶体会逐渐接受不断增加的铅原子。

这样,在刚刚形成的岩石里,一块锆石晶体就像一座被归零的时钟。时钟的“嘀嗒”声就意味着藏在晶体里的铀原子不断变成铅原子。这种变化并非定时发生,但肯定是按照统计学可预测的方式发生的。铀有所谓的半衰期(参见第 35 页),即指一份样本里的一半铀原子变成铅原子所需的时间。

有一种铀叫作铀 235,半衰期是 7.04 亿年;而另一种铀叫铀 238,半衰期是 47 亿年。

因此,如果一粒锆石在形成时含有 100 个铀 235 原子,而后铀 235 原子一个接一个变成铅原子，经过7.04亿年后，铅原子与铀原子的数目相等，各有50个。科学家测量这粒锆石，可知自它形成之日起已过去7.04亿年。再经过7.04亿年，另外50个铀原子的一半也变为铅原子，铅原子和铀原子的比率分别为75%和25%，于是科学家会知道，这块石头十多亿年前就形成了。地质学家利用两种铀原子及其与铅的比例，能够计算该过程起始于多少年前，因而也就算出了晶体的年龄。

2000年，澳大利亚西部一个叫做希尔斯的工地，发现了一种深紫色的锆石晶体，宽度仅有四分之一毫米，名字起得很普通，叫"W74/2-36"。铀铅之比显示：它比迄今发现的精测年龄为44.04亿的岩石还老9000万年。虽然这颗晶体虽小，但还可以做很多研究，包括氧同位素测量、稀土分析，这些测量说明了该地区的这些古老岩石形成的物理过程，还发现水参与了地壳形成，继而证明在地球历史的最初期，既有海洋，也有陆地。

第六部分

疾病与健康

打钩也能救命?

报纸报道医学技术有进展,常爱用“突破”一词。新闻记者更是爱用“突破”来写“特效药”、“耗资百万英镑的扫描仪”或者“拯救生命的外科手术”。要是没有这等渲染,重大的技术进步有可能泯没于世,不为人注意。2001年,有人提出一种新的医疗思路,不用新药,不用价格昂贵的新设备,也不用新的外科技术,却能在极短时间内让病人的健康和生存质量发生重大改观。

提出这个想法的是美国巴尔的摩市约翰-霍普金斯医院的普罗诺夫斯特(Peter Pronovost)博士,他在一家医院的一年试用期间,挽救了21位病人的生命,节省了数百万美元。为此,普罗诺夫斯特博士入选美国《时代》周刊“2008年世界最有影响力100人”。他有此想法是受了一个现象的启发:医院使用导管向病人血液里注射药物、输液,造成病人因感染死亡的案例时有发生。于是他想,如果医生和护士认真洗手、用消毒液给病人皮肤消毒,戴消毒口罩、穿无菌工作服、使用消毒敷料,应该会大大减少感染的机会。

140年前,利斯特(Joseph Lister)论述了医院为病人消毒杀菌的重要意义;140年后再看普罗诺夫斯特博士的想法,似乎有些落后。但他的贡献与其说是讲明了感染是由不卫生的医疗操作进入人体的知识,不如说是他观察到医生和护士经常忽略洗手、穿消毒工作服等简单操作程序。这一点让人意想不到,但是经过一个多月的调查,证明情况属实,因为护士们反映,有1/3的医生未能严格按照上述的简单程序做。

约翰-霍普金斯医院是美国顶级的教学研究医院,不难推想如果在其他医院做调查,对保护生命的基本措施的漏操作比率恐怕会更高。

我们知道每个医生必须牢记在心的消毒措施的重要性,又知道博士的同事们离要求还差得很远，那么我们不禁要问，普罗诺夫斯特博士究竟有何奇思妙想呢？原来他设计了一张消毒清单表，供医生每次为病人插管时使用。清单列有5项操作，每一项必须执行，完毕后在清单表上打对钩。这5项操作是：

1. 用肥皂洗手；
2. 用洗必泰抗菌剂清洁患者皮肤；
3. 用消毒被单覆盖患者全身；
4. 穿戴医用消毒口罩、消毒帽、消毒罩衣和消毒手套；
5. 插入导管，即刻在插导液管部位覆盖消毒敷料。

普罗诺夫斯特在美国的一份医学杂志上发表了这份消毒清单，很快美国密歇根州所有医院的重症监护病房都开始采用它。仅三个月，该州医院重症监护病房的感染率下降至先前的三分之一。至当年末，许多医院的重症监护室的感染发生率为零，其佳绩优于全国90%的重症监护病房。自采用普罗诺夫斯特的消毒清单后18个月内，感染死亡病例下降了1500人次，医院节省治疗护理费达1.75亿美元。

记住，这些巨大的成绩都是因为在病疗程序里使用了一份只列了五条简单内容的清单。现在，普罗诺夫斯特和他的同事们正在为外科手术、卒中治疗、心脏护理制定清单。按照清单的要求去操作是很花时间的，有时候繁琐得令人心急，但它是实现全优治疗和护理的基本条件。但医生和护士却因为记忆闪失或一不留神，有可能就跳过了清单上列的某个关键步骤。

是不是过于理想了。虽然普罗诺夫斯特列出了多份清单，但能不能切实按照清单的要求做，还有一个问题需要解决，那就是医生傲慢的态度。有些医生觉得要求他们按照清单上的程序做，等于说他们离了清单表，就连这些必要的步骤都不会，这不是小看他们的工作能力吗？调查显示，确有很多医生遗漏了这些步骤，但所有医生都认为这些疏忽是别人的差错，自己没有。

普罗诺夫斯特做的就是把曾在航空界用过的方法移花接木，用于医疗界。那个方法在航空界试用时也曾遭飞行员抵触。早期的飞行活动发生不少事故,有些事故是因为飞行员、导航员和机械师过度自信造成的。飞行员最不爱有人说他们机组间或会忽视或忘记重要的安全程序,他们认为这是在贬低他们的专业能力。但是,飞行员个人的面子与乘客的安全相比肯定是次要的。所以,现在每个航班都有座舱检查清单,这已成为飞行的常规程序。普罗诺夫斯特清单带来的裨益越来越广为人知,而如果医生、护士都能认识到自己确有偶尔疏忽的情况,那么按章操作、在小方框内打一个对的钩,一定会拯救无数生命,省下无数美元。

“我爱你——来分享我的MHC吧”

有些人老爱从科学角度认识事物，对此有人批评说有些事情是科学解释不了的，比如爱情。但是结果却是，当爱情和吸引力决定配偶的选择时，还是可以从科学角度找到依据的。

放眼整个自然界，避免近亲繁殖似乎是一种天性。近亲交配会大大增加基因相似性带来的危险。如果后代分别从双亲那里各得到一份基因，那么引起疾病、身体异常的基因的影响就会增加。而且，近亲交配繁殖会使后代身体的遗传多样性降低，这就意味着后代在多变的环境里越来越不容易适应。近亲繁殖的后代相似度增强，它们之间的竞争也将更加激烈。

从另一方面看，与非亲缘关系的杂交也有不利之处。因为如果很少或完全没有基因重叠，家系内部逐渐积累的一些好基因或基因组，会因为非亲缘繁殖而离散，最终丧失某些遗传优势。非亲缘的配偶常携带能够引起感染的新的病原体。所以，走出家族的领地是很危险的，可能要付极大的代价。另外，如果配偶已经在不同的环境里养成不同的习惯，那么养育子女的成功率恐怕也会打一些折扣。

其实，在动植物王国里，最优的杂交繁殖策略向来是选择一个遗传上有差异但差异不太大的伴侣。有趣的是，类似的原则似乎也适用于审美判断。在我们眼里最有吸引力的是那些与我们熟悉的标准有所不同、但又不是差别太大的对象。最近有人研究了人类配偶的血缘关系与生育能力之间的联系。结果发现，生育成功率最高的是第3代或第4代的旁系亲戚关系的配偶，而不是血缘更近或完全没有亲缘关系的配偶。

不过，我们又如何判断遗传相似性呢？外貌特征相似肯定有一定的遗传相似性。最近开展了一项调查，调查对象是关系亲密的伴侣。结果表明：

男人倾向于选择身体骨架与自己母亲相像的女人作配偶，而女人则倾向选择长相像自己父亲的人做配偶。有些男女伴侣看起去很像亲兄弟姐妹，其实他们没任何血缘关系。不过最近的研究显示，人有一种常人未必都知道的惊人能力，它可以利用一种特殊的分子作标记，指出遗传相似或是相异。

血液的白细胞表面有一种分子，能够让身体的免疫系统识别出诸如细菌或病毒等入侵者。这些分子越是多样，抵御入侵病原体的范围就越广。制造这类分子的信息是由一组基因携带的，人们称这组基因为“主要组织相容性复合体”(major histocompatibility complex)，简称 MHC。

所以，你和一个人结为配偶，而这个人又和你的 MHC 差异很大，这样造成的一个结果是，你们的后代 MHC 基因更丰富，免疫系统因而也更强大。恋上一个 MHC 基因不一样的人有一大好处，就是避免近亲繁殖。有人对生活在孤立隔绝的宗教群落里的夫妻进行研究，结果表明：配偶之间 MHC 的相似性很少。恋爱的最后一步大概是这样：唾液里含有一个人的 MHC 标记素，所以，知道为什么恋人们要接吻吗？那是在自己一头扎进婚姻这池春水之前，先测测未来伴侣的 MHC 情况。看来，我们得为“吻表兄、亲表妹”[①]这句话赋予新的意义啦。

① 英文原文为 Kissing cousins。——译者

肘弯内的菌群

胳膊肘弯有什么好研究的？此处没什么疾病，也很少受伤，当然也不会有人为了肘弯更好看去做整形手术。不过，美国国家人类基因组研究所的一个科研小组对这片区进行了多年仔细深入的研究——想必是组员们你看我的，我望你的，因为自己研究自己的肘弯很不容易做到。让他们特别感兴趣的是生长在这个不起眼部位的细菌，研究此处的细菌是一个大项目的一部分，而这个大项目的研究范围是整个人体。

科学家发现有6个截然不同的菌群生活在肘弯处，这6个菌群和生活在前臂内侧几英寸外的其他菌群又有很大不同。前臂内侧菌群是另一个科研团队研究的课题。另外，不管你怎么努力，肘弯处的细菌就是清除不干净。即使你清洗得再彻底，肘弯内每平方厘米仍然有百万个细菌牢牢地附着在那里。其实，这些细菌是有工作要做的，它们各司其职，不会因为我们洗个澡就轻易撂挑子不干。具体说，它们的任务就是充当皮肤的湿润剂，处理人体摄入后透过皮肤排出来的粗脂肪。它们就是细菌对于人类生存很重要也很必要的例证。通常一说到细菌，我们只知道它们会引发疾病，是抗生素追杀的目标，但是美国人类基因研究所的研究结果告诉我们：没有细菌，人类就无法生存。

研究发现，人体上的细菌总数是人所具有的活性基因数的100倍，由此人们了解到细菌担负着的众多任务。多数基因具有生物功能，而据说细菌只需要几个基因便能进行维持自身生存的活动，那么，细菌在其日常活动中一定为我们人体执行了大量的工作。

事实证明，人体各处分布着不同菌群，它们已经有专业化分工，换一个地方便找不见它们的影子。在人体内共有70个细菌“部落”。可能其中相当一部分都在消化道，因为细菌在食物消化过程中发挥了至关重要的作用。其实消化细菌群只有两个,身体其他部位为其余的 68 个菌群所瓜分,它们执行着特殊的化学任务。

人身上的细菌数比细胞数多 20 倍。每个人都专门为细菌留了居住空间。与其说,细菌靠人生活,不如说是人类靠身上的细菌活着。

为何DNA像编织图?

以下是一个编织图案的一部分:

针数18,或每根针6针。一行蓝起针,之后5行全蓝,再后按下列针法:

第6行:2针黄,3针蓝,2针黄,2针蓝

第7行:3针黄,2针蓝,3针黄,1针蓝

第8行:4针黄,1针蓝,4针黄

然后第9行到第13行是全黄。而后用黄色收针。一行橙色起针,而后是5行橙色,再后来按下列针法:

第6行:1针绿,3针橙,1针绿,3针橙,1针绿

第7行:2针绿,1针橙,3针绿,1针橙,2针绿

然后,第8行到第13行都是绿色,而后绑定绿色的行。

熟悉编织的人一望便知这是针法说明。如果照上述步骤织出来,一根长长的毛线就会织成一个错综复杂的、带图案的立体形状。填充玩偶、茶杯的保温套、围巾等等,不管是什么织物,都有编织图样。图样可以变化万千,但用法都是一样的:编织者要逐条按照编织说明一行行地织下去,最终完成一件作品。

DNA是一种物质,所有活细胞里都有它。它是一个非常长的分子,由一串"指令"组成,这些"指令"就像是编织图,要一条条从一端一直读到另一端。下面是一个DNA分子的一行"指令",由一串三字母组合的队列构成,每个字母组都"吸引"队列下方用其名字的缩写表示的一个小分子。于是,

沿 DNA 螺旋线排成一串的三字母 GCG 吸引一个丙氨酸（Alanine）分子，CTG 吸引一个亮氨酸(Leucine)分子，如此等等。(而后你会在最上边的那条线里发现丙氨酸也受 GCA 的吸引，亮氨酸也受 CTA 的吸引，不过这是后话。)

GCG-CTG-GGG-ACG-GGC-GGT-GTT-GGA-GCA-GAG-CTC-TGC-AAT-TTC-TGC-CAA-

Ala-Leu-Gly-Thr-Gly-Gly-Val-Gly-Ala-Glu-Leu-Cys-Asn-Phe-Cys-Gln-

如果一条 DNA 链上的指令是按顺序执行的，那它们将产生一个小分子序列，被称为氨基酸，结合在一起，就如上面第 2 行的样子。这个序列就相当于拿编织材料毛线球按照编织图织成的衣服。DNA 所描述的东西就是生物体生命进程中的一种实实在在的成分——它会是一种激素、一种抗体、一种生化酶，或是执行各项维持生命任务的无数分子中的一个。

就像编织图，单看指令或说明顺序还看不清楚执行指令后将产生什么，必须一步步执行完毕后才能看出来。当然，这个过程实际还要更复杂一些。DNA 内含的信息产生一个很长的分子，名为蛋白质，由相互键联的氨基酸构成，其构成格局都是由产生它的 DNA 图案所决定的。蛋白质最终转变成一种三维形状，但它的转变方式科学家至今还未完全弄清楚。让我们还用编织打比方吧，这个转变就像是编织过程给一根长长的毛线盘扣扭结，而后毛线就在你的眼前自己组合成了一副手套、一顶绒球帽、一条色彩斑斓的围巾，或者最终变成了一个玩偶。

一个简单的蛋白质分子由一百来个氨基酸构成；可以自行组成无数个形状，什么形状都有可能，但只有一种形状将执行人体所需的工作。如果这个简单的分子要把所有可能的形状都变出来，每次变形耗时仅千亿分之一秒的话，那么它耗费的时间要比宇宙的生命还要长。即便这样，科学家们也还是不知道它是如何在一瞬间变成了合适的形状。

那本篇开头的那个编织图呢？它其实是“婴儿的第一个 DNA 分子”[1]这词组的编织图样，设计者是美国的一位编织高手查普曼（Kimberley Chapman）。这算是一个艺术反映生活的范例。

① 英文原文为 Baby's First DNA Molecule。——译者

几个病恹恹的词儿

有一个小镇，姑且叫它炉渣镇吧，突然爆发瘟疫。这时你因为某种原因必须去这个小镇，那么你希望遇到哪种情况：是瘟疫流行率高但发病率低呢，还是发病率高但流行率低呢？显然要是让自由选择，你肯定会选疾病的流行率和发生率均为零。术语，也就是常说的技术名词，我们经常用到，但一般不按它的技术意义用。其实，在流行病学里，疾病的流行率和发病率都是有非常明确的含义的。

流行率是指在任一时间患病人数占总人数的比例。所以，如果有某种疾病流行得很厉害，相应的病例就会很多。

发病率是指在某一时段内新患病人数占总人数的比率，通常用每年每万人中的病例数来表示。

所以，如果你获悉炉渣镇的瘟疫流行率为1%，乍一听好像不算严重，而如果你又了解到当地的发病率是每年10 000人中有5000人次患病，情况其实是很严重的。如果当地真的出现了这种状况，那就意味着瘟疫刚刚驾到，它会像野火一样迅速蔓延。

如果当地的瘟疫流行率是90%，而发病率为每年1/10 000，说明经过很长一段时间，瘟疫逐渐蔓延，多数居民已患过病，但瘟疫的传染性已不是很强。遇到这种情况，你尽可以前往，只要你不是为了浅酌一杯、品尝猪肉馅饼才打算在那里停留，真想品尝的话，最好去另一个没有染病风险的镇（还有，吃猪肉馅饼不会发生肉毒杆菌中毒）。

如果冒险挺进炉渣镇，你要留心哪些症状，哪些征候呢？人们有时把“症状”和“征候”这两个词的意思搞混。例如，一个专为英国教师服务的主流网站将“症状”错误地定义为“生病的征候’。一个人生病时可能出现各种症状,发热或胳膊下多发肿胀,但他未必知道疾病的征候,因为疾病的征候是医生检查发现的客观情况和特征,如血压、心律失常、眼球表面胆固醇沉着等。还有一个词也为医生常用,就是适应证(indication),它既不是征候也不是症状,而是医生采用某种治疗方法或药物的正确理由。

担心感染上瘟疫可能会引起……是高血压(hypertension),还是低血压(hypotension)? 英语的"高"(Hyper)和"低"(hypo)意思正好相反,都是"hyp"打头;"Hyper"表示高过正常值,"hypo"表示低于正常值。不过,这两个词有一个好处:如果你弄不清哪个是高压,哪个是低压吗,干脆把它俩的前缀的尾巴去掉,让听者去心领神会吧。但是,这高和低的区别可是非同小可啊。

Hypertension——是血压升高——会引发心脏病和卒中;而 hypotension(低血压)只会让人气虚、乏力、头晕。

用 Hyperdermic(皮上)注射器打针肯定是没有效果的,因为药水会喷在表皮上;而皮下注射(hypodermic)针头是扎入表皮下面,那儿才是它该去的地方。

那么,"-itis"和"-osis"这两个后缀呢? 医生是说你得了"憩室炎"(diverticulitis)还是"憩室病"(diverticulosis)?有什么不一样吗?不一样,"itis"是指"炎症",而"osis"指憩室有病的状况,是一个比较一般的说法。

虹膜学：望眼断病

如果有人告诉你，有一种医用诊断设备能诊断肾病，确诊率达 88%，你可能会想：一般的医院或医生的诊所都应该配备这样一台设备。如果又有人对你说，有一种诊断方法不花一分钱，也能获得同样的确诊率，你可能会想了，这么好的方法医生们为什么不用啊？

这种诊断方法还真有，叫做虹膜诊断学(iridology)，是在 1836 年创立的。有一个 10 岁的匈牙利男孩叫贝采利(Ignatz von Peczely)，不小心弄断了宠物猫头鹰的腿，而后他发现猫头鹰的虹膜上多了一条黑线。于是他推想，虹膜虽小却反映了整个身体状况，观察人的眼睛应该可以诊断疾病。长大后贝采利当了医生，对这种望眼诊断法进行了完善。

虹膜诊断学和很多辅助治疗一样，不常用双盲试验检验正统的治疗方法常用双盲试验，而且现在越来越频繁。不过，虹膜诊断肾病确诊率能达到 88%，这个数据也太惊人，美国医学研究人员禁不住对虹膜诊断学展开深入研究。他们向 3 名眼科专家和 3 名虹膜诊断专家出示了 143 名病人的虹膜照片，其中 48 名病人患有肾病，要求专家们找出肾病患者。测试结果和瞎猜滥估差不多。

那么，这个 88%的确诊率又从何而来呢？难道是弄错了？不是。那位公布诊断结果的虹膜诊断者仔细查看过很多病人的虹膜，有些病人患有肾病，患者的确诊率为 88%。单从这一点看，这个数字绝对没错。虹膜诊断有一个硬伤：就是那位虹膜诊断专家在其余的身体健康、未患肾病的人里也诊断出 88%的人得了肾病。也许有一点让人感觉意外，这位医生怎么没把确诊率定到 100%呢，不然的话，怕是到他手里的所有患者，不管得还是没得都要被诊断为得了肾病，那样的话，肾病的诊断率岂不是 100%的准确无误啦？

写到这儿，笔者想起一则古语："钟虽停转，尚能一日两度报时，分秒不差。"说白了：瞎猫总能碰上死耗子。

怎样活到110岁？——100岁不稀奇

设想一下，自己往当间一坐，两旁分列若干100岁儿女、80岁的孙子孙女，60岁的重孙子重孙女，子孙满堂，那该多有意思啊！这场面恐怕只有活到120岁的人才能见到。现在活过100岁的人越来越多——当下的比例是千分之七吧——这多半该归功于健康状况的改善、意外事故的减少、医疗条件的优化等等。不过，百岁老人中仍能活过110岁的非常少，活到120岁的更是没几个。研究衰老问题的科学家认为，有幸活到120岁的人不光想方设法避开了那些夺走其他人生命的疾病和灾祸，更重要的是他们有自身基因的保护。

2006年，有人调查了32位年龄在110岁到119岁的老人，发现他们虽然都有一些衰老的征象，诸如骨质疏松症和白内障，但是40%多的老人仍能生活自理，或者日常起居活动只需要很少一点帮助就可以。他们都有一个重要特征，就是极少患老年人常得的致命性疾病——卒中、心脏病、糖尿病和帕金森症。另外，这些人称超百岁老人辞世后，尸检报告显示其死亡原因并非是得了癌症、心脏病、卒中或老年痴呆等病症，而是得了一种叫做“老年心脏TTR淀粉样变性”(senile cardiac TTR amyloidosis)的病。这种病在较年轻的老人(90多岁和100岁的)中间很少见，它是动脉粥样化的一种，类似于动脉硬化，但是发病原因与后者完全不一样。其特点是动脉被一种叫TTR的蛋白堵塞了，TTR和甲状腺激素——甲状腺素有关。

科学家仔细考察了超级百岁老人的亲属，弄清了超高龄的遗传基础。他们比较110岁以上老人的兄弟姐妹的长寿情况后发现，长寿兄弟要比同年出生的其他人多活12至14年，而长寿姐妹要多活8至10年。

有一个问题科学家仍在寻找答案：到了一个特定年份极高龄的老人的

死亡概率(越老死亡概率就越高,一点也不含糊啊)是否会趋于稳定？人一旦活到一个极高的年岁,再往后活,就不大容易死了。是否可以这样推想：如果能想办法根治淀粉样变性,那岂不是能造就一代新人,他们的身体内不存在一点死亡的缘由啦!

暖箱宝贝展

1897年，德国内科医生库尼(Martin Couney)从巴黎动身前往伦敦，随身带了3只柳条篮子，里面装满了法国的早产儿。此行的目的是去伦敦伯爵广场举办的“维多利亚世纪博览会”参展。他的展品是供早产儿使用的暖箱，要放在医疗新技术展区。他觉得暖箱里如果有活婴儿，展示的效果一定会更好。之前他参加德国的一个展会，就如此这般做过一回，对婴儿毫无伤害。那展览的名称叫“婴儿保育所”。可是，这次由于可以理解的原因，英国医生们婉拒用这种方式展示英国的早产儿。于是，一批巴黎的婴儿不得不乘长途火车，渡过英吉利海峡来到伦敦，充当维多利亚博览会的小配角。

这次展示大获成功，一天有3600人次参观。可是《柳叶刀》杂志发表的一篇社评却说：“展示成功……效果好坏参半。它勾起了街边马戏团老板等人的贪婪，这些人对展箱涉及的复杂的科学问题一窍不通，却争相组办婴儿暖箱展，就像表演牵线木偶、展出肥胖女人或其他以骗钱为目的的奇人怪物一样。”

仿制暖箱的人一哄而上，想方设法从全国各地医院里租借早产儿，弄得库尼不得不写信给《柳叶刀》(*Lancet*)杂志广告提醒，他开设的“婴儿暖箱机构”才是正宗的。不过，《柳叶刀》指出：

> “在伊斯灵顿农业展览馆举办的世界博览会上有一个暖箱展览，入场费仅2便士。很难想见，这样低的费用如何能请得起训练有素的护理员和奶妈。……婴儿呼吸的是农业展览馆里的空气，展厅内既有大批参观者，又有武姆韦尔动物园的全体动物。暖箱的正对面就有几只豹子，大家比较熟悉关动物的笼子散发出的臭

味吧……在巴纳姆和贝利马戏团的表演区也有一个婴儿暖箱……不过……实在看不出来拯救生命这等严肃的事同胡子女、狗面人、大象、马、猪、小丑以及放在奥林匹亚也许引人注目的杂技演员之间究竟有什么关系。”

库尼的活动一点没受这类批评的影响,他照样去世界各地的展会和交易会参展。1901 年,在离尼亚加拉大瀑布不远的布法罗举办的泛美博览会上,有人对他的展品发表了热烈的评论,一个激昂慷慨的评论员写道:

“世上有两样事物登峰造极,一是汇集百川千湖之水的尼亚加拉大瀑布;一是躺在暖融融箱子里的小生命,他们看不见、听不着、柔弱无力——但他们属于伟大的人类,他们的身后是无边的思想之海……瀑布的力量与暖箱宝贝那颗小小的头脑里产生的力量相比又算得了什么?想想看,那颗头脑现在还不及半个苹果大,但总有一天它会发力工作,不断工作,影响人的命运,到那时再看看瀑布,恐怕早已衰落成一条平静的溪流……”

不过,3 年后,暖箱宝贝展的生意遭受重创,原因是在圣路易的路易斯安那州商品交易会上,库尼的一个竞争对手办暖箱展,结果婴儿染上流行性腹泻,差不多一半夭亡。

这下,再没有哪个竞争对手敢再出来叫板,特别是在参展者每天要为每个婴儿支付 15 美元的费用之后。从此,这片领域全归了库尼一个人。那时,他已经住在美国,每年在科尼岛(Coney)上办一次暖箱展。(说起来挺凑巧的,库尼的原姓(Couney)就拼作科尼“Coney”,他的几个兄弟仍一直用科尼。)库尼的妻子是一位暖箱护士,这年她早产生下一个女儿,库尼的暖箱知识就此派上了用场,他们的女儿出生后头三个月一直待在他办展览用的一只暖箱里。

库尼多次在规模很大的展会上展示过他的暖箱，如 1939 年的纽约世博会。暖箱和婴儿护理操作程序经过 40 年不断改进、完善，为规模较大的妇幼医院广泛采用。在早产儿的健康得到了很好的照料的同时，对于早产儿及其父母几个星期不能接触所造成的心理问题，无论库尼还是别人都没认真考虑过。虽然普通参观者收 25 美分，父母探视免费，但是由于婴儿的家一般离展览举办地比较远，父母并不能经常探视。事实上，有一个现象让库尼很诧异，有朝一日他该把婴儿交还给其父母时，父母们却不大愿意重新担起为人父母的责任。

这是办展会与医学研究的怪异结合，它给新生儿科学这门新学科带来的影响应该是利大于弊的。库尼也被公认为是这一领域的先驱。美国大西洋假日酒店的墙上甚至还有一块铭牌，纪念他曾在此办过展览。

如此繁多的凝血因子

我们多数人身上都有瘢痕,一般是皮肤被尖锐物体刺破留下的。如果我们身体功能正常,血会从破口处流一会儿,而后凝结成块,在破口处的皮肤生长的过程中,血块会附着在上面。待皮肤长完整后,变成痂的血块会自行脱落,留下一小片颜色稍浅的皮肤,伤者或许会一辈子带着它。

人体处置伤口的办法是人体众多的生理过程之一。对我们来说,这些过程既熟悉——划破了手指,没管它,让它自己长好,这样的经历恐怕人人都有——又复杂得几乎超乎想象。经过漫长的生物进化,和无数次尝试、失败之后,动物的机体形成了一套对付受伤的机制。现在看来,这套机制太精妙了。但是,像一切自然选择的进化过程一样,这套机制是早期无数个因缺乏血管闭合能力或受伤后长不出新皮肤的动物的死亡一点点换来的。

血管切破后,阻止体内血液流尽的过程分为4个阶段。第一阶段,机体尽力收缩血管,缩小伤口,减少血液流出。第二阶段,血液里比红细胞还小的成分血小板开始在伤口聚集,形成一个松散的血栓。这个过程由伤口暴露出的血管的内皮触发。在正常情况下,这层内皮是受保护的,不与血流接触。第三阶段,血小板形成的血栓是暂时的,接下去,血液开始构造纤维网或纤维块,将牢牢缚住血栓,使它固定不动。第四阶段,伤口附近的组织自行修复到一定时候,这个结块必须溶解掉,让血液在动脉、静脉血管里自由流动。

上述每一步是积小步为大步,一步步完成的。每一小步均要使用血液里已有的分子,或者专为止血疗伤调集来的分子。这些分子都有一个化学名字,生物学家常挂在嘴边,张嘴便能说出一串,可普通人听了却是一头雾水,不知所云。为了让诸位对其中一个阶段——即开始凝血阶段的复杂性有一个大致认识，笔者就用字母来代替它们的化学名吧。

如前文所述，凝血过程开始于血管壁被切开的那一瞬间。受损细胞令血液接触到化学物质A，化学物质A与另一种化学物质BC结合起来，化学物质BC实际上是两种蛋白质B和C的结合物。B激活化学物质D，D将化学物质E转化成化学物质F。化学物质F有几种作用，其中一种是将化学物质G分解为两种分子H和I，并激活化学物质J；化学物质J能将血液中的可溶性纤维转化成不溶性纤维网，从而将血凝块固定住。与此同时，化学物质C还没有起什么作用，但很快，它就起作用了。C的工作是要把上述的诸个事件加以放大，以便更加迅速地形成血凝块。于是，C和化学物质K连在一起，K则由另一化学物质L固化其稳定性。化学物质C和K一道激活更多的B(B比之前的作为更大)。同时，化学物质F激活更多的D和K，还有一个新面孔——化学物质M；M促能进化学物质C的大量生成。

可能把您绕糊涂了，别忙，但容笔者把这些物质的真名报上来，您会更糊涂的，它们是：

A - 组织因子

BC - Ⅶ因子

B - Ⅹ因子

C - Ⅸ因子

D - Ⅴ因子，也叫“凝血酶原酶”

E - Ⅱ因子，也叫“凝血素”

F - 凝血酶

G - Ⅰ因子，也叫“纤维蛋白原”

H - 血纤维蛋白

I - 血纤维蛋白肽

J - XⅢ因子

K - Ⅷ因子

L - 温韦伯因子

M – XI因子

这些因子中任何一个对伤口愈合都至关重要。如果缺失其中一个，比如因遗传因素造成的缺失，就能导致凝血疾病。最常见的凝血疾病是温韦伯症，它是缺乏上述的化学物质L（即温韦伯因子）造成的。缺失化学物质K、C或M则会导致不同类型的血友病。患者身上只要有一点创口，轻者会大出血，重者血尽而亡。

一个小小的伤口竟有这么一连串的生化过程伴随而来，真令人称奇。同样令人称奇的是生物学家，这么多年，经过艰辛的实验和化学分析，他们终于弄清了人体处置创伤的详细过程。

辐射对人有好处

为了测试辐射对人的影响,就往一个大城市扔一颗原子弹,恐怕没有比这更极端的“测试”了。现在,核电站事故和核废料处理过程可能产生辐射是个热门话题,一说起这个问题,人们就会回想起1945年盟军在日本广岛投下原子弹造成的毁灭性影响,看看吧,这就是大剂量的辐射对人体的伤害有多大。广岛核爆是他们举证的主要资料,虽然这资料可能不是扔原子弹的人有意留下的。

在原子弹爆炸的几千米范围内, 强辐射对人造成的损害十分恐怖,这一点没有疑问。但是有一个问题一直没有很好地解答,即父母有一方遭受高剂量核辐射会对后代造成怎样的影响? 有人猜测,精子或卵子遭辐射后可能引发基因突变,使后代出现生理缺陷。

为验证这一观点,美国在日本广岛设立了一个委员会,专门监测广岛核爆幸存者后代的情况,看他们的畸形发生率是不是比日本未遭受核辐射地区同期出生的孩童高。经过40年,所有幸存者都过了生育年龄,研究者收集了他们子孙两代人的详细数据。在此期间,研究者对大约75 000人进行跟踪调查,从孩童一直观察到成年。他们考查了残疾和畸形发生状况,还考查了白血病等疾病的发病情况,因为据说白血病等恶性疾病与核辐射有一定联系。

研究人员在两类人群里搜寻超额病例。举个例子,你要找先天性疾病,比如脊柱裂,科学家们知道,而且已经确证,这种病在人群中的发病率为1%。现在遭受了辐射,他们推测该病在核爆幸存者后代里的发病率应该更高。

经调查后发现,就脊柱裂发病率而论,遭受辐射的幸存者的后代和未遭受辐射人群的后代没有差别。至于核辐射造成的其他疾病的发病率,研究者也没有发现差别,他们原以为辐射可能影响幸存者的生殖系统。

那这些数据是否说明辐射对人体没坏处?奇谈,乍一听不太可信啊,不过,研究者的发现比这更令人惊讶。他们的分析显示,原子弹爆炸幸存者生下的孩子似乎比日本别的地方的同龄孩子更健康,比较起来,婴儿死亡率低、癌症死亡人数少,且总死亡率低。

和碰到的很多科学问题一样,越是希望找到简单明了的答案,却越是找不到。谁也不知道研究人员为什么会得出这等结论,很多人不相信,他们试图为这些数据找到不一样的解释。不过,我们暂时还真的不能说"辐射对身体有益",我们能说的只是就这一点看——我是说大剂量辐射对幸存者后代的影响——还没有证据表明辐射有害。

以毒攻毒，以酒解酲①

(我听说)醉酒极为难受，症状之一就是头晕，一站起来就头晕。人的平衡感是靠内耳里的几个感觉器官获得的。血液里的酒精含量升高时，内耳的感觉器官就会失去平衡感。在饮酒后数小时内，这种难受的感觉会有所变化，如何变化要看若干因素的互相作用，这种作用颇为微妙。该变化造成了一种奇异的现象，古巴比伦人最初饮用海枣酒时可能就注意到了。

平衡器官由三个半规管构成，它们相互间几乎呈直角。每个半规管都充满液体。一个半规管探测头部围绕垂直轴的转动，另一个探测“点头”动作，第三个探测头部围绕鼻子至后脑勺这根轴的旋转——这个动作凡是做过侧手翻的人都有体会。

人体在正常生活状态下是不含酒精的，半规管里的液体密度与血液密度差不多。当你移动头部时，半规管的液体会来回流动，推挤压力传感器向大脑发送信号。三个半规管发出的信号综合在一起，形成动态GPS信号，让我们时刻能感知到头的位置。

但是该系统的一个重要特征是，为了保证平衡器官向大脑传送的感觉信息精确无误，半规管里的液体密度必须和血液密度一样。如果血液与内耳液体之间的相对密度发生变化，系统就会对头的位置做出错误的判断，也就是说，这个判断和我们眼睛接收的信息有矛盾。饮酒能改变半规管内外体液的相对密度，造成矛盾信息，使人产生混乱感。

① 英文原文为“the hair of the dog”，这句俚语更完整的说法是“hair of the dog that bit you”，它的典故出自从前的一种传说：“如果不小心被狗咬伤，只要从咬伤人的那条狗身上取下一些狗毛抹在伤口上，就可以治愈。”这句话几经演变，现在被用来比喻“一个人酩酊大醉之后，隔天早上用酒解酒”。——译者

当血液里的酒精含量升高时,相对于内耳的液体,血液被稀释了,因为酒精的密度比血液低。这个差别引起第一阵头晕恶心。不过,随后酒精会渗入半规管,纠正不平衡,于是饮酒者有一阵会感觉自己又恢复正常。停止饮酒之后,血液里的酒精会被肝脏分解,血液的密度恢复到正常水平。不过,这时问题又来了:内耳的液体里仍有酒精未被分解,因而血液的密度比半规管的液体密度大。与刚才酒精渗入平衡器官之前有一个时间差一样,酒精从半规管渗出,半规管的液体恢复正常密度也有一个时间差,在这个时间差内,人会再度感觉头晕,但晕的方向和喝酒后第一波晕眩的方向相反。

"那什么时候才不晕呢?"你会问。办法就在眼前。匈牙利有个词儿叫"*kutya harapást szörével*"告诉我们为什么,它的意思是"狗咬伤,用狗毛治",用英语表达就是"*the hair of the dog that bit you*"——"咬你的狗的毛",法语是"*rallumer la chaudière*"——"重新点燃炉子",丹麦语说"*rejse sig ved det træ, hvor man er faldet*"——"从那棵树上掉下,就在那棵树边站起来"。(看起来醉酒是个全球性问题啊——起码也是欧洲诸国的共同问题。)

现在大家知道头晕恶心是血液密度与内耳液体密度之间失衡造成的,也就不难理解为何要"以酒解醒",再灌一点儿反倒能缓解宿醉的症状。如果前一天晚上喝酒,第二天早上血液密度已经恢复正常,但酒精渗出半规管的速度很慢,故而内耳的液体仍然处于冲淡状态。此时再喝上一杯,血液浓度也被冲淡,这样两种液体间的平衡就恢复了。

干杯吧!

128号公路上的伟大发现

从犯罪现场提取一丁点儿DNA样本，与犯罪嫌疑人的DNA作比较。这个过程背后需要大量分析材料作支撑，而要想获得足够的材料，就必须有能力用最初的DNA片段制作出几百万份拷贝。这个复制过程必须用到一种叫做PCR的技术——“聚合酶链反应”(polymerase chain reaction)。它的发明者叫穆利斯(Kary Mullis)，是世界上性情古怪的科学家之一。因为这个发现，他获得了诺贝尔奖。

每个诺贝尔奖得主都要来一段获奖感言，介绍一下自己的研究工作。穆利斯在获奖感言里讲述了自己如何灵机一动想到PCR这个点子。当时是深夜，他和女友正驾车去他在旧金山北部的林中小屋。听罢感言，我们知道他的女友名叫詹尼弗·巴尼特(Jennifer Barnett)，甚至还了解到穆利斯如何抛开老婆辛西娅(Cynthia)，同巴尼特轰轰烈烈了两年。

在那个特殊的夜晚，穆利斯一边驾车行驶在128号公路上，一边苦苦思索着一个问题，怎样能用手头上仅有的一丁点儿DNA样本来分析DNA某个片段的结构呢？当时已经有了由全套相同的DNA找出特定的单位序列——基因纹印的技术，但是人一般不会留下大量血液或其他含有DNA的体液，当然死人除外。正常情况下，现场只能找到很少一点血液、精液或唾液样本，拿来做任何有实际意义的分析远远不够。穆利斯突然想出一个办法，它可以将微量的DNA样本放大几百万倍，直到总量多到足够分析之用。

穆利斯说：“那天夜晚，我驾车穿过群山，加利福尼亚的橡树枝上开满了花，道路掩映在花枝间。空气湿润而清凉，充满了醉人的花香。女友詹尼弗已经睡着了。”

DNA一般是由两条相互缠绕的长链构成的,长链携带着一个生物体独一无二的遗传信息(参见第191页)。穆利斯突然想到,如果把长链分开,给长链的两端做上标记,然后再用另一种叫做DNA聚合酶的分子把标记间的DNA片段复制下来,这样可以使DNA的数量成倍增加。想到这里,他意识到,如果这个过程一次次重复,岂不就可以造出大量的完全相同的DNA了吗?

"我找到了!!!"他致获奖感言时说。

> "我把车停在128号公路里程标记为46.7的地方,在汽车的工具箱里找到一张纸和一支笔。我算了一下:2的10次方差不多是1000,2的20次方差不多是100万,而2的30次方大概是10亿,这个数接近人类染色体的碱基对的数量。如照此计算30次,就能获得带有超强信号却几乎没有噪音杂质的样本序列。'天啊!',我兴奋地喊出了声。仿佛醍醐灌顶,我猛一下子把DNA化学中最让人头疼的问题给解决了。"

穆利斯等不及女友睡醒了。"詹尼弗快醒醒,"他唤道,"我这个想法太绝了!"可是詹尼弗对这个化学史上的伟大时刻没有作出任何反应。

当时詹尼弗的年龄是不是27岁零142天,我们不得而知,不过,有可能是,或者在他俩交往的某一天,她正好27岁零142天。据说穆利斯有好多怪癖,其中一个就是喜欢年龄正好10 000天的女人,有几个女人经常在他的化学课的幻灯片里出现,只穿五彩斑斓的衣服。

芦笋飘香

我估计,我和法国作家普鲁斯特(Marcel Proust)的基因基本找不到相似点,我俩肯定不是同一个祖宗,除非你确定他是犹太人,我父亲是阿拉伯人。传说犹太人和阿拉伯人都是诺亚的长子闪(Shem)的后裔,所以都是闪米特人。不过,我和普鲁斯特确有一个遗传特征共同点:对某些化学物质的气味超级敏感,这种超敏感是遗传来的,什么化学物质,什么气味?简单地说,就是刚吃过芦笋的人排出的尿散发出的化学气味。

我知道普鲁斯特有这个特点,因为他在《追忆似水年华》(*A La Recherche du Temps Perdue*)的第一卷里有一段赞美芦笋的话,描述了芦笋色泽之精妙,结尾是这样写的:

> "我觉得这些天成的光色泄露了一群精灵的作为……人们透过这些厚实的肉的伪装,从曙光初现、彩虹渐显、暮霭覆天的光色转换中,瞥见了可贵的本质。……他们就像莎士比亚的《仲夏夜之梦》里专爱恶作剧的精灵,开既有诗意又有些粗俗的玩笑,把我的夜壶变成了香水瓶。"

还有一位大作家对散发着芦笋气味的尿也情有独钟,他叫马尔克斯(Gabriel Garcia Marquez)。他在小说《霍乱时期的爱情》(*Love in the Time of Cholera*)中描写过一个人物,说他"时时沉醉于自己的尿香"。

我们都知道普鲁斯特和马尔克斯可都是品味高雅之士,所以笔者无从解释他们怎么会把甲硫醇这种散发出臭鼬气味的化学物质描写成"芬芳之水"、"芬芳之气"呢。人吃过芦笋后排出的尿液有一股特殊的气味,那就是甲硫醇发出来的气味。

当然，虽然笔者讲了这么多，但大部分读者如果不熟悉我所讲的现象，恐怕还是搞不大明白。而且，如果您不属于那个圈子，你也永远不会有我和普鲁斯特的体验。为什么？因为你天生闻不见尿里芦笋副产品的味儿。

芦笋被当作美味，您问有多早？当年古罗马人派遣舰队绕着地中海收集芦笋。可是直到1980年人们才做了一个实验，想查清楚吃了芦笋后尿里为什么会有特殊的气息。

有几种可能：

1. 有些人吃了芦笋会排出带芦笋味的尿，也能闻到尿里的芦笋味；但其他人既不会排这种尿，也不能闻出这种尿味。曾经有这样一种观点：有些人受遗传的影响，生下来新陈代谢机制就有异常，不能处理芦笋的某些成分，所以会排出一些甲硫醇等分子，而其他人可以在体内将这些分子分解掉。

2. 有人能排出有味的尿，但闻不到；有人排不出有味的尿，却能闻到，还有一种人既能排也能闻到。

3. 所有人都能排有味的尿，但只有一些人能闻到它。

缩小选择范围的办法其实很简单：让大家一起吃一顿浪漫的芦笋晚餐，再共用一个卫生间。在一起生活的夫妇中有一部分知道，夫妇一方可能闻出两人的尿里有那种气味，而另一方则根本不知道其伴侣说的是什么气味。英国的一项研究调查了800人，有男有女，结果显示，约40%的人食用芦笋后尿液带有化学气味，这像是遗传造成的。然而，法国的一项调查显示，100%的受试者吃过芦笋后其尿里都含有甲硫醇这种化学物质。普鲁斯特如果地下有知，一定会为法国同胞胜过英国撒尿者感到骄傲的。

那么闻到尿味的能力呢？好像这种能力也是遗传决定的。1980年，三名以色列医生做了一个实验。实验过程没什么趣味，故而笔者只简单叙述一下。实验时,一名男子吃下 450 克罐装芦笋后提供一份尿样。这份尿样被分成若干份较小的样本,各样本的稀释度也不一样,有不含一点尿的样本,也有滴水未掺、相当于高度威士忌的纯尿。研究者在一个门诊部招募了一批患者,让他们逐一嗅这些样本。结果发现,一小部分人(约占 10%)属于“超级能闻士”,能从浓度很低的稀释尿液里闻出那种化学物质,其余都是“闻不到士”,一点气味都闻不到。

科学家们已经了解到某些类型的“气味盲”。有一种化学物质叫苯硫脲(phenylthiocarbamide,PTC),有约 75%的人能嗅出它的苦味;另外 25%认为它无味。不过,在 1980 年,几位以色列医生做实验之前,还没有人遇到已经证实的“嗅盲”例子。研究者认为,人群中有一小部分人带有特殊的遗传特性,他们对那种难闻的分子很敏感。当然,无论怎么解释也说不清普鲁斯特为什么感觉他的尿壶盛满了“芬芳的香水”。我要是用尿壶的话,肯定会赶快把它倒掉。

科学是有性别的吗?

当今,许多重要问题仍需要通过性别与科学的交互作用才能解决。不少女权主义者还有其他方面的人认为,从事科学研究的女性不多,教育和科研人员的培养和选拔存在重男轻女的现象;非女权主义者也有类似的看法。如果总是假定存在这种差异,就会导致在需要限制研究课题的时候,男性喜欢研究的课题就会受到较多的重视,而女性喜欢研究的课题就容易遭遇轻视。

有一点是肯定的,由于显而易见的社会原因,大部分科学发现是男性的成果,但是难道现实的科学内容就像我们现在认定的那样,是前述事实影响的结果吗?如果当初女性参与研究并提出创见,那么今人对宇宙及其运作原理的认识会不会是另外一种样子呢?

一些哲学家和社会学家认为会是另一种样子。他们人数不多,但不可忽视。就拿科学上的一个最著名也是迄今最完善的方程——$E=mc^2$ 来说吧。比利时哲学家兼女权主义者伊利盖蕾(*Luce Irigaray*)曾写道:"$E=mc^2$ 是一个性别化的方程吗?也许是。让我们假设它是性别化的方程,因为该方程把光速抬得很高,比之其他对于人类至关重要的速度,它处于至高无上的地位。而在笔者看来,标志着的该方程性别化本质的东西,不是直接用于核武器,而是被赋予了最快的速度。"

她似乎要表达这样一个意思:因为人们认为男性对快速运行的事物有兴趣,而且确是越快越好,所以这个重要的方程就是用光速,而不是用其他"对人类至关重要的速度"表达。不过,笔者如何也想不起来有哪个速度既有较强的女性意义,同时又是重要的物理常量。

女权主义理论家经常批评生物学家在研究动物的习性和生理特性时,

爱用雄性鼠做实验。有一位理论家说:“这里隐含了一个预设,那就是雄性鼠是整个物种的代表。”还有人指出,研究受精怀孕的学者一说起卵子,就用“飘来游去”形容,或者说它们干坐着;而一说到雄性的精子,就用“钻”与“洞穿”这样的词语来描述。一个精子高速游动,它遇到移动慢得多或者说根本不动的卵子,而后瞬间就待在卵子中,瞬间前它还身处其外。作为一名男性,笔者感觉很难想出更女性化或者中性化的词语来描写上述过程,这不,稍微一写就犯忌讳,看见“高速”这个词了吧!

女权主义者还经常批评叙述物理学的语言也太过男性化,什么粒子“轰击”样本,什么与其他粒子“碰撞”等等。你要问,不这样写该怎么写?粒子物理学的这项基本技术又该如何表述?对此,一位女权主义者著文回答,原子碰撞应该改作“为互利而结合在一起”。

伊利盖蕾对流体力学研究得比较深,她的观点得到了其他女权主义者的支持。流体动力学研究的是流体的运动,主要课题是湍流、黏性、流量和冲击波。这个物理分支基本上是摆弄数学,要用到微分方程和计算机模拟。

伊利盖蕾认为流体力学是女性学科,因而在物理学界遭到冷遇。(她本人并不是科学家,所以有人批评她从不引证该领域的文献和研究成果。)伊利盖蕾认为,相形之下,固态物理学的男子气重,因而据有强势,而流体力学的研究课题,比如湍流,人们认识还不清楚,因为男性对它没有兴趣。另一位女权主义作家海勒斯(Katherine Hayles)对伊利盖蕾的思想作了如下总结:

> “男性有阳具,且可变得刚硬,而女性有下裂,流出经血和阴道分泌物。虽然男性有时也会流出液体,比如排精,但其性力的这一特征并不突出。以男性而论,重要的是阳具刚硬,而不是与阳具刚硬有关的液体流出……同样,在男权主义者理论和语言中,女性被抹掉了,她们只能以非男性的身份存在,于是,在科学研究中不见了液体,液体仅以非固体事物而存在。”

这说得通吗？就算说得通，难道很重要吗？追求科学知识是社会的一项重要活动，让人们留意这项活动的各种问题，特别是当求知的方式令女性处在不利地位的情况下，这肯定是对的。但在我看来，像这样走极端，就等于否定科学技术本身的有效性。如果让女科学家自由发挥，她们对物质世界的运作竟有了不同于男性的、甚至与男性相反的发现和推断，那么科学作为认识宇宙的工具，它的意义又是什么？可是，这么可笑的观点竟有一些哲学家相信。在海勒斯等人看来，流体力学的那些方程式，那些支持一架架飞机在机场成功起飞降落的方程式，不一定正确。随着更多的女性步入该领域，“活在不同躯体的、具有不同性别构造的人，自会拿出不同的流体模型。”如果他们果然如此，我敢说，她们肯定不是非常优秀的科学工作者。

对医学研究贡献最大的女性是谁?

历史上有很多才华非凡的医学研究者是女性,现在也一样。但是,海瑞塔·拉克丝(Henrietta Lacks)却不是她们中间的一员。1951 年,她带着 5 个孩子住在巴尔的摩市市郊。在离她家不到 3 英里的地方是美国顶尖的医学研究所——约翰-霍普金斯大学医院,但海瑞塔却和医学无缘。生完第 5 个孩子后,她的子宫颈不幸长了一个肿瘤,由此引发了一连串非常事件。她去约翰-霍普金斯医院治疗,医院的一位医生从肿瘤里提取一些细胞——没经她本人同意 (那时候不需要征得患者同意)。这位医生名叫盖伊(George Gey);在约翰-霍普多斯大学工作,正在研究癌细胞。

盖伊发现海瑞塔细胞(Henrietta Lacks' cells)具有非同一般的特性,它们和许多人体细胞不同,能在体外无限期存活,无限地分裂、再分裂;换句话说,它们是不死细胞,而体内取出的绝大多数体细胞经过若干代会逐渐消亡。人体细胞能在体外存活约 52 代。盖伊一直在寻找这种细胞进行观察和测试。他的研究项目是探究癌症的病因和治疗。无人知晓是何原因,海瑞塔的癌细胞正巧是他做研究要用的。因为她的肿瘤长得特别快,从肿瘤里提取的细胞显现出相同的生长特性。盖伊一面检验癌细胞,一面着手利用它们开展自己的研究工作,这时他想到,这些癌细胞如果放在医学研究的其他领域也是很有价值的工具,包括白血病研究、辐射伤害研究、遗传控制机制研究,细胞制造蛋白质分子的研究等等。不久,海瑞塔细胞被送往美国各地及国外,如俄罗斯、南非等地,那些正在研究人类疾病机制的研究人员的手中。

在一个研究领域,海瑞塔不同寻常的细胞及时解决了脊髓灰质炎研究者遇见的难题。海瑞塔患病期间,美国正一波接一波流行脊髓灰质炎。科学家意识到他们需要一种疫苗预防这种病。那时候,索尔克(Jonas Salk)正和萨宾(Albert Sabin)竞赛,看谁先想出一种有效的治疗办法。由于脊髓灰质炎病毒能在人体的活细胞里成倍繁殖,科学家需要一种人体细胞来培养病毒,将病毒灭活后用于疫苗接种。但是,他们不能用老细胞——他们需要一些既有相同特性又能反复繁殖的细胞,来获取大量的细胞供优化提纯疫苗时使用。另外,该细胞是在特定流行期确定哪一种脊髓灰质炎病毒在感染人群的关键,知道了这一点,生产出的疫苗才能做到有的放矢。海瑞塔细胞正好符合要求,它是科学界已知的最强悍的细胞之一,每 24 小时就能繁殖一整代。

不久,只要是规模大一点的研究实验室都有了这种细胞的样本。它被命名为"海拉细胞"(HeLa cells),从英文名称的缩写可以看出它是用供体海瑞塔的姓和名合成的。最初没有透露提供者的身份,只知道细胞的供体是一位女子,叫海伦·雷音(Helen Lane),或海伦·拉森(Helen Larson)。海瑞塔的丈夫直到 1975 年才发现妻子的细胞被用去做实验, 确定该细胞对医学研究的价值已成 20 多年前的旧事。曾几时何,世界各地的实验机构都在培育散播海拉细胞,它甚至还作为美国宇航局空间科研项目的一部分飞上了太空。

海拉细胞的特性虽然有很高的科学价值,这种细胞却夺去了海瑞塔本人的生命。她被确诊为癌症后又活了 8 个月,癌细胞迅速扩散到其他脏器,根本无法救治,她于 1951 年 10 月 4 日去世。

一位科学家提出,应该将海拉细胞确认为一个新物种,因为它的一些特性与任何生物都迥然不同。起码海拉胞株属应当在生命之树上独占一枝。

作为人们常说的所谓"非预见结果定律",这则故事有一处败笔。海拉细胞繁殖能力超群, 于是开始接管一些实验室好不容易收集的细胞样本。这样, 研究人员还以为他们研究的是从胸部、前列腺和胎盘中提取的细胞——并且据此拿出了实验结论——他们后来发现样本早被海拉细胞替代了,他们的研究成果毫无价值。

是要 1 个盲婴还是 16 个死婴？——你选择吧！

这道选择题是英国的一位研究人员提出来的。他在分析了 20 世纪医学伦理学中的一个最复杂的问题之后，于 1973 年提出上述问题。追根溯源，提出该问题是因为 1941 年在一个早产儿身上发现了一种罕见的致盲疾病，后来这个病例成为一系列类似病症的开端，在 20 世纪 40 到 50 年代呈大面积流行之势，最后竟发展到医院暖箱养育的早产儿中，每 8 名体重低于 4 磅的早产儿就有一名因该病失明。

这种致盲病症称作"晶状体后纤维组织增生症"(retrolental fibroplasia，又称视网膜病变，简称 RLF)，因其重要特征是眼睛内位于晶状体后的血管纤维膜增生。到 1953 年，全世界，竟有 10 000 名儿童因视网膜病变而失明，其中 7000 名在美国。迅速增长的态势表明，该病系使用某种医疗新技术，特别是使用新生儿科新技术所致，因为新生儿科是专门研究如何护理新生儿的。

于是，一批科研项目即刻展开，要查找致病原因。会不会是误用了维生素补剂或激素造成的？难道是给新生儿消黄疸用的紫光灯造成的？暖箱会不会有问题？科研人员想了很多，但都不对。最后，他们才注意使用氧气这个环节。有些早产婴儿有呼吸窘迫，医院为了提高存活率给他们增氧。当时，婴儿吸氧在美国很普遍，视网膜病变的病例也恰巧很多。英国使用氧气不多，所以这种病例很少。

这个推断对不对？有一个方法可以检验，那就是组织一次试验。科研人员选了一批早产儿，试验时，令其中一半吸入高浓度氧，另一半作为对照组，只吸入低浓度氧，检查两组视网膜病变的发病率有无差别。不料医院做这个试验时,护士们认为对照组的婴儿会因为缺氧受损伤,于是偷偷将氧气量调回到“高氧”,后被发现。科研人员又调整了试验方法,避免好心办坏事。实验结果很令人震惊:高氧组的28个婴儿中有17个患有轻度或重度视网膜病变,而低氧组37个婴儿中仅有6人发现病变,且症状轻微。

至此,医学研究取得了胜利。以后,这个小规模研究的结果又被由18所医院协作参与的、以将近600名婴儿为实验对象的大型研究项目所证实。需要吸氧缓解呼吸困难的婴儿,要么按常规供氧,要么减少供氧。结果,高氧组出现视网膜病变症状的婴儿比低氧组多一倍还多。

这些研究获得的数据有一个大用处,就是医院从此以后都将氧气的浓度保持在40%以下,虽然在这样的浓度下吸氧还会出现个别视网膜病变的病例,这也不足为怪。因为即便是吸入正常空气浓度的氧,也会造成病变。

当然,在这些病例中,婴儿出生时体重很轻,向婴儿的供氧不是临时性手段。有证据表明,氧气有利于婴儿存活,不供氧气,他们出生没几天就会夭折。

此外,研究人员还研究了一种呼吸道症状,叫“透盲病”。他们发现,为防止视网膜病变而降低吸氧量之后,婴儿死于透盲病的概率增大。

就是这个观察结果令医生们左右为难:“每保住1个婴儿的视力,可能要以16个婴儿的夭亡为代价。”这个算式也太过凄凉了!

从发现早产儿视网膜病变症(英语现在称做ROP)到现在,已经60多年了。目前,世界各地的科研型医院正在开展多中心协作研究,力图最终确定上边那个恐怖的算式是否反映了真实情况,如果是,又能采取什么措施。

这个事例说明:一种新的治疗方法或手段,仅凭着医生或研究者相信它能治病就付诸使用,是很危险的。

如著名小儿科专家希尔曼(William Silverman)写道:

一个医生给患者使用未经检验的“时髦”疗法(且不受惩罚),仅仅因为他听了某个权威朋友或同事的建议;或者他在报纸、广告或医疗杂志上读过这种治疗方法的介绍;或只是因为这种疗法“从生理角度看完全站得住脚。”另一方面,如果他认定这其中不确定因素太多,必须谨慎行事,他选择做检测,那他的举动反而会遭到别人的批评。“我需要获得批准才能给一半的而不是全部的患者使用新药,”一个医生就这一荒唐现象作如是说。

安慰手术

诸位都听说过糖丸能治病吧，它利用的就是众所周知的安慰剂效应。其根据是：如果病人相信药物能治病，那么该信念通常会改善病人的病情。不过，使用“糖丸式手术刀”这个创意——就是具有安慰剂效应的外科治疗——就有点儿让人难以接受了。曾经，医学研究的伦理标准不像今天这么严格，西雅图的一个科研小组决定检验一下外科手术是不是具有安慰剂效应，看看病人在相信自己接受了实实在在的外科治疗，而实际这种治疗并未实施情况下，其病情是否有所好转。

要验证一种治疗方法是否真的起作用并不容易，如人们常说的，陷阱重重。为了分辨是因为实施了某种治疗而产生了真实疗效，还是因为其他因素致使病人感觉好转，必须进行临床试验。最严格的临床试验叫“双盲试验”。在试验时，病人被随机分为两组，尽量按年龄、性别、健康状况等特征平均分配，然后实施治疗。通常是拿一种药物来做试验，让其中一组服药，另一组只服用安慰剂，而后作对照。所谓的“双盲”是指不论实施试验的医生还是受试的病人，都不知道究竟哪一组真正接受了治疗，哪一组只吃安慰剂。为什么要这么做呢？因为病人和医生了解到真实情况会影响病人的反应，使实验带有“杂质”。比如你认为自己在接受一种全新的治疗，你可能会感觉精神振奋，身体呈良性的积极反应。同样，如果医生知道谁真正接受了治疗，他很可能会把这个情况透露给病人，或者，他对该情况的了解，会影响他的判断，特别是他要评价哪些病人病情转好、哪些病人的病情转坏的时候。所以，最好让医患双方都不知道谁真正接受了治疗。

1939年，为治疗一种常见的心绞痛（该病在当时几乎没有有效的治疗方法），意大利外科专家菲耶斯基(Davide Fieschi)设计了一个手术，把两根靠近心脏的动脉绑扎或者说“结扎”在一起,他认为这样就能向冠状动脉输送更多的血液,增加血液含氧量,缓解心绞痛。手术效果非常好。手术后,多达 3/4 的病人都感觉心绞痛大为减轻,他们中的 1/3 觉得是“根治”了。虽然大家对手术效果都感到十分满意,却没人说得清,手术是如何取得成效的,也没谁拿出证据证明,手术确实使血液分流到了心脏(据说在狗身上做这种手术是失败了)。

于是在 20 世纪 50 年代后期,西雅图的一组研究人员决定详细查验这种手术的效果,并制定出具体的实施方案。他们兵分两路展开研究。要是搁到现在,他们的研究工作大概就做不成了,道德规范不允许,但当时大家都接受了。患心绞痛的病人被随机分成两组,一组病人接受正规的乳内动脉结扎手术;另一组病人则被施以“假”手术,他们的胸腔只是被切开,但不触动乳内动脉。没有一个病人被告知他们实际在参与一项医学研究(现在是非法的),也没有一位在术后评估病人状况的医生知道实施的是什么手术。

研究结果非常清楚,也令做开胸手术的外科医生非常沮丧。手术改善了心绞痛症状,但是和乳内动脉结扎没有什么关系。在一项研究中,两组病人都报告说术后自我感觉有好转——真正被施以手术的患者平均 32%感觉病情一般有所好转,而做了假手术的病人有 42%自觉病情好转。两组试验者还报告:患者对硝酸甘油的需求量也受到类似的影响。硝酸甘油是缓解心绞痛的常用药。真正做过手术的小组,每日用药量减少 34%,而做了“假”手术的小组用药量减少 42%。不过,尽管这些病人自感良好,但客观评测,他们的病情几乎没什么改善——其锻炼运动的时间平均只提高 1 分钟左右。

有两点是清楚的:一、是手术对缓解心绞痛有益;二、结扎乳内动脉这个手术(手术第一位的关键点所在)对于治疗方法的成功并无帮助。此外,虽然病人自感比以前好很多(疼痛减轻、用药减少),但是原来的客观问题照样存在(活动能力降低、用力时心电图异常)。病人感觉好转而实际上没有好转;让他们感觉好转的原因是“胸部做了手术”,但不是结扎乳内动脉。

在20世纪60年代和70年代,人们渐渐认识到,在受控试验里使用安慰剂式的外科手术是不道德的、违背伦理的。服用糖丸不会造成伤害,但是做外科手术无论多小都存在一定风险。可是有证据证明,还有很多外科手术的益处并不比菲耶斯基的心绞痛手术高明,除非经过某种临床试验加以证实,不然谁能说它们不是靠安慰剂效应呢。近十几年,一些研究人员又开始使用安慰剂式外科手术了,不过有人说这样做不合伦理。

1999年,美国的一个科研团队报告了一个测试帕金森症新疗法有效性的实验。这种新疗法需要在患者头部钻一个洞,注入胚胎细胞,修复患者的大脑。试验显示该方法减轻了部分患者的症状。但为确定使病情好转的是胚胎细胞,而不是在头上钻洞的震撼效果和刺激,研究人员找来40名帕金森症患者,在他们头上都钻了洞,但只给一半病人注射胚胎细胞。一年后,虽然被真正施治的病人有很大一部分症状改善,但被施以安慰剂式手术的20个病人中仅有3名有所好转。

其他临床试验还包括膝关节手术和脊椎手术,都是为了确认根据各种医学理论设计的新疗法均能实现设计治疗。

当然,新问题来了:既然病人做完假手术后自感良好,那为什么不照着做下去?这和有些医生不认为吃糖丸能让病人感觉好,但照样给病人开糖丸不是异曲同工吗?但这个问题涉及到医患关系的诚信问题,这是个全新的领域。医生对病人说:“我准备给你吃这些奇形怪状、色彩亮丽的药片,名叫Uvebinfuledium,你应该会感觉很舒服的。”有些人对医生讲这样的话已经感到心里没底了,他知道这是安慰剂。你想,要是病人不明不白就被做了外科手术,那蒙骗效果肯定会更大——当然付出的代价也会更多。

光脚照X射线

我去找牙医拍牙X射线片时，戴了个铅围脖。牙医和她的助手站得远远的，用小剂量X射线往我嘴里照了一下。现在医生们都知道辐射危险，辐射的剂量即便很小，长时间接触也会增加患癌症的风险——那是一点一点累加的(参见第163页和第207页)。

记得小时候我和母亲一起去鞋店买鞋，曾经看过X射线机。当时比较好的鞋店一般都会在主卖场放置一台X射线机。我记得我把脚放在强大的X射线源上，脚和放射源仅隔着一层非常薄的铝箔。我从目镜里能看到试穿鞋子的脚的骨骼，还有脚趾甲。X射线机上有好几个目镜，店员和我母亲也可以同时看，这样我就不会因为穿了不合脚的鞋而落下终身残疾。当然，当时X射线的辐射剂量比起现在照一张牙片允许使用的剂量高多了，所以，我和那时的孩子们如果得了辐射诱发的各种疾病，也是命该倒霉啊。其实，当时那些X射线机不过是销售噱头，那时大家普遍认为科学没坏处，而且原子时代风头正盛，免费用电、驾着核动力太空做太空旅行——前景多美好啊！

X射线机还做了促销广告，有一篇是专门写给父母的：

人需要双脚走过一生

选择合适的鞋，悉心呵护足部健康。为了帮您选鞋，顶级鞋店都使用ADRIAN牌X射线机。不论是有着20多年选鞋经验的"老员工"，还是刚工作了几星期的非正式员工，ADRIAN牌X射线机都能助他们一臂之力，帮您的孩子穿上最合脚的鞋。

最近，一位放射科医师写到这种机器，表达了她对放射源泄露的畏惧：

“X射线不光是穿透双脚射到荧光屏上，它还会继续向上，射穿用户的头、甲状腺和眼睛。这可不是最优设计。即便部分身体没有直接接触射线的主干束，也会接收大剂量的分散辐射。”她用一幅图来演示，指出辐射外形由X射线机向外扩展几英尺：“试鞋的动作应该让人不安，看看这个图解，自己想象一下站在这个机器上面，生殖腺会遭受多大剂量的辐射啊。”

那时，鞋店X射线机照射的对象不光是儿童，那些店员每天工作8小时，又离X射线那么近，他们接受的照射剂量肯定会高得多，特别是试鞋的时候，他们要把手伸进X射线柱捏一捏鞋是否合脚。坐在邻近等着试鞋的顾客，也不能幸免。店主拿到的安装指南写着：“建议将本机安装在鞋店正中央，这样顾客从任何方向过来都能使用。当然，因百货销售量最大的是妇女儿童，故而建议面对妇幼用品部安装。”

20世纪50年代，人们普遍认识到辐射的危害，这是由于二战中使用了两枚原子弹，还有核试验后核辐射污染了环境。于是，美国的一些州开始禁止使用X射线机，到1963年，美国实现全国禁用。

因为X射线机使用广泛，又因为辐射能引起一些疾病，还会有其他许多可能的成因，所以，X射线究竟造成了什么样的伤害很难确定，除了有一例报道说，当时一个模特被辐射严重灼伤，造成她一条腿截肢。不过，辐射的细微影响有可能延期发作，也许若干年后，癌症发病的普通数据里会漏掉它。2002年和2007年，研究人员报告了若干非常罕见的足癌病例，他们认为就是因为40多年前使用了鞋店的X射线机。

干细胞治病

时下,“干细胞”是一个时髦词,频频出现在科学新闻的头版头条,但真正了解它的人并不多。一方面,这些干细胞为医治所有已知疾病带来了希望;另一方面,干细胞与涉及人类胚胎的道德伦理问题有关系,所以成了一颗烫手的政治山芋——拿也不是,放也不是。

先不说干细胞的治疗价值和伦理问题,有一个难题让生物学家困惑了很多年,干细胞能解决它,但解决过程特别复杂。每个人的生命都起源于单个受精卵,这个受精卵经细胞分裂过程发育成一个具有几百种不同细胞类型的生命雏形。它一分为二,二分为四,逐次分裂增殖,直到形成一个功能完善的人体,能吃喝、能消化、能运动、能生长、能思考、能繁殖。

在发育成的身体里,肝细胞迥异于脑细胞,胃细胞迥异于血液细胞,但它们最初都是从一种细胞生长发育而来的。这种细胞名为干细胞,就像一株“植物”的主干,枝叶全是从主干生长出来的。干细胞的细胞核包含了人体生长发育所需的一切细胞的全部信息。它就像个图书馆,拥有很多房间,每个房间又有很多书架。一个房间藏有如何制造和操纵肌肉的说明书;另一个房间的书架摆满了神经细胞制造蓝图以及如何产生和发送电脉冲的书籍,第三个房间藏有一系列血液细胞——包括免疫细胞和红细胞的制造指南。

在胚胎发育的早期阶段,干细胞只是复制繁殖。由一个“图书馆”复制出另一个“图书馆”,里面的书架与说明手册一模一样。但到了某个阶段,干细胞开始分化、变异,变成非常专业的细胞,将一团相同的细胞变成一个可分辨形状和具有不同功能的身体器官的雏形。

干细胞分化时,就好像有人进入图书馆,锁上通向所有房间的门,只留一个房间可进入,例如藏有肝细胞制造说明书的房间。从这时起,图书馆复制自己,连同上了锁的房间一起复制。在该生命生存期的其他时间,虽然该细胞含有制造各型身体细胞的说明书,但细胞的后代只能从少数几个开放书架上选取书籍,这几个书架摆的全是制造肝细胞的说明书。

听上去还挺麻烦的。为什么不干脆把生成其他功能的所有基因都去掉,这样造出的未来肝细胞只具有执行肝功能所需的信息呢?一种答案是:细胞在生命的不同阶段执行不同的功能,它们时不时需要打开几个锁着的房间,参看其他手册,特别是在生命发育的不同阶段,从婴儿长到儿童、从儿童长到青少年,从青少年长到成年等等,它们必须有开门选书的能力。另外,在生命成长后期,已经专业化的细胞有时仍然需要参考其他信息。

还可能是因为进化出一种细胞分裂的标准方法,一切照单复制,其他各种机制也都包含在内,留待以后再决定激活哪些基因,这样来得更简单、更容易。

科学家希望利用这一点治疗疾病,方法有两种,一种是提取健康的胚胎干细胞,想办法将其植入人体,这些干细胞均带有制造任意一种细胞的潜能,植入人体,人体的某一种细胞有缺陷,比如造成帕金森症等慢性病的细胞有缺陷(帕金森症是由于大脑中一类神经细胞有缺陷造成的)。干细胞可以将自身转变成好细胞,代替缺陷细胞,病症便会消失。干细胞的作用犹如打开藏有所需脑细胞类型说明书的“房间”。当干细胞被植入后,它们会提供治愈患者必需的、原来缺损的成分。

成人体内还有另一种干细胞,它只有一些房间上了锁,所以它知道怎样制造新细胞去替换“用坏的”或损坏的细胞,如心脏细胞、血管细胞、骨细胞或软骨细胞。因为这些细胞也含有制作所有其他种类细胞的指令,所以,科学家希望他们将来能为它们重新编写指令,打开封闭区域,制造其他类型的细胞。

最后一点,人体的每一个细胞都含有制作其他每个细胞的指令,但是——还用图书馆打比方——此时房门锁锈住了,或者说被强力胶堵严了。于是,人们就研究如何打开这些指令。目前,研究已小有成就,已经可以利用癌病毒携带新的基因进入小鼠细胞里,释放被锁住的信息。不过,这项技术用于人类很危险,危险主要源自癌病毒。2009 年,科学家宣布,他们已成功使用一种新技术将新基因移入了普通细胞,无需使用病毒;也无需使用胚胎,就造出和胚胎干细胞一模一样的细胞。

这项技术为人体内实施新的细胞操作开辟了道路。细胞操作可以用来将任何类型的细胞变成其他细胞,为治疗疑难杂症提供全新的方法。

抵抗是无效的

医疗技术的进步并非总是稳步向着实现完美健康的终极境界迈进。有些医疗技术——诸如沙利度胺镇静剂、新生儿氧气治疗（参见第 219 页）——在解决老问题的同时又会引发新问题。20 世纪最伟大的医学进步正在造成 21 世纪最大的医学失败，归根结底是因为细菌的聪明智慧总是抢在最聪明的医药研究者前边。

抗生素的发现改变了治疗感染的方法。引起人体感染的主要是两种细菌，一种是葡萄球菌，一种是链球菌。人类发现了青霉素，不久又发现了其他抗生素，几乎一夜之间攥住了两种细菌的命脉。在 20 世纪 40 年代末和 50 年代，人们又开发出来磺胺类、链霉素、氯霉素，还有四环素——这些药物名字到现在听起来还有些耳熟吧，它们能消灭绝大部分致病的微生物。

不过在这些药物诞生之初，研究者就开始注意到，有些本应该在新药面前消亡的细菌变种竟能够存活下来，甚至更猖獗。上述药物投入使用后不久，这些病菌好像产生了抗药性，根本不怕专为杀灭它们制造的药物。

我们可以想象一下，如果枪炮子弹使用后成就了一代枪炮打不死的人类，那么动枪动炮谁惧之？有些细菌就是这样，药不死了。于是，人们又开发新药对付有抗药性的菌株，但不久细菌又获得了对新药的抗药性。于是，在细菌和科学家之间形成了一种你追我赶的竞赛，赛到 20 世纪末，细菌有胜出的势头。

现在，在医院里引发感染的细菌约 70%至少对一种广谱抗生素产生了抗药性。最难对付的细菌之一是一种葡萄球菌，好几种抗生素都奈何不了它。它的学名叫耐甲氧西林金黄色葡萄球菌（或称 MRSA），在医院横行无忌，感染了很多羸弱的病人。

这里说的“抗药性”是什么意思？它是如何产生的呢？

制药商百般努力研发药物，细菌则尽力保护自己，避免被药物杀灭。细菌想的办法其实归功于进化的精巧。因为细菌繁殖得很快，所以它们的进化是加速进行的。在实验室里，一种像葡萄球菌的细菌每过几个小时就能分裂产生出新的一代，再看人类，更新一代大约需要30年。如果数百万个细菌遭遇新药，只要有一个细菌在细胞分裂时获得变异，使自身具备一定的抗药性，那么在其他细菌被杀灭的同时，这个细菌的后代会大量繁殖，要不了多久，该细菌就会成为主要的、甚至是唯一的菌株。行了，那新药不起作用了。

再问一次，“抗药性”究竟是什么意思，变异是干什么的？

一个新变异的细菌至少可以获得3种抵抗力。我们还是拿人类的“刀枪不入”打比方吧。

如果人类自身生成抗击枪弹的能力，就像细菌对抗生素形成抗药性一样，那么我们人类也会有3种抵抗办法。第一种，我们可以研发出一些生物设施，在皮肤下巡游，将打来的子弹俘获，撕成无害的碎片；第二种，研发成一种类似的设备，能迅速把子弹调个头儿，让它沿着原路弹回去，“弹出”体外；第三种，我们可以研发出一种让子弹难以穿透的新型皮肤。这三种方法和细菌对抗抗生素、免遭杀身之祸的办法类似。

话到此处，这个比方还算恰当。不过，细菌有一个办法人类怎么也办不到，那就是细菌可以最快的速度让尽可能多的细菌获得抵抗力。它们可以把这种能力传给同一代的其他细菌，不必要等它们产生带这种能力的下一代。例如，细菌能通过与邻近细菌的身体接触，传递个别基因。或者，它们能在周围环境里留下一点儿DNA，其他细菌可以捡到它；或者，针对细菌的病毒可以从一个细菌身上带走抗药基因，然后“传染”给另一个细菌。

再用前边那个比方：这就好像一个人本来没有抵御子弹的能力，与一个有抵御子弹能力的人亲吻一下，或者在周围环境里飘着从这类人身上掉落的DNA碎屑，被他吸进了身体，或者把他感染了，眨眼工夫，他便有了枪弹不入的能力,您说这多厉害。

给人的印象是:这种惊人能力是被医学研究者的行为调动起来的,不过,有个解释更简单。细菌历来都具有产生抵抗的能力,因为某些细菌能产生自己的抗生素,这是一种生存机制,它们显然需要对这些抗生素产生抵抗力。

细菌抗药性的扩散好像有不可阻挡之势。每年美国开出的抗生素处方大约有一亿个,其中很多处方是开给由病毒引起的感冒患者的,虽然抗生素对病毒并不起作用。可是,感冒患者身上的其他细菌却会因为抗生素产生了抗药性,以后该患者发生细菌感染时,用这种抗生素就无效了。即便是一个简单的动作,比如较早停用抗生素治疗,也会让幸存的细菌带着刚获得的抗药性大量繁殖,那将会给未来的治疗造成更大困难。

第七部分

轶闻趣事

能自行修复的船

二战时期最大的轮船是“玛丽皇后号”(the Queen Mary),全长1000英尺,重达86 000吨。当时需要航空母舰,越大越好,允许各种飞机在上面起降,所以当英国发明家派克(Geoffrey Pyke)提出了好几个造船方案,即能建造出身长超过“玛丽皇后号”1倍、体宽超过它2倍的大船,又能做到多快好省,时任盟军联合作战司令的蒙巴顿(Louis Mountbatten)对他的想法很感兴趣。

派克性情古怪,不修边幅,20世纪20年代,他做过金属投机生意,先赚钱,后赔钱。尔后他把心思投向发明创新,什么都做。1939年,他组织一批高尔夫球手到纳粹统治下的德国旅行,名义上是去打比赛,实际上是打探德国普通百姓对纳粹的看法,他估计希特勒若听到人民的真实情感,肯定会大为惊诧。1939年8月,高尔夫球手们收起球杆,球入袋囊,返回故国了。他们带回的消息虽然有趣,但为时已晚,还是没能阻止战争。

派克的航母计划所使用的材料是他的朋友佩鲁茨(Max Perutz)发明的(后来佩鲁茨因其他研究荣获诺贝尔奖),派克毫不谦虚地把它称为“派克里特”(Pykrete),这名字也许比“佩鲁茨克里特”(Perutzcrete)容易上口。这种材料由86%的冰和14%的木浆简单混合而成。派克向人展示过,添加木浆后,冰就变成了“超级冰”,能够经受得住子弹,抗冲击,抗碾压,又易成型,做成条块或其他形状。

传说蒙巴顿把英国首相丘吉尔 (Winston Churchill) 堵在他的浴室里——重要的战时会议偶尔也在那儿召开,而后将一大块派克里特丢入洗澡水,让丘吉尔见识一下这种材料的坚固耐用。

虽说材料性状怪异——它的发明人也一样,蒙巴顿还是成立了一个项目组研究测试它,最终目标是建造具有神奇能力的巨型舰船。这种船挨了鱼雷之后,可以使用船载的冷冻设备和海水自行修复。派克甚至设想,使用该设备向敌舰喷洒超冷海水,冰封它们的舱口,把敌舰船员活活冻死。

项目进展了一年多,在伦敦设有一个绝密的实验室,在加拿大的艾伯塔省的帕特里夏湖上搁了一艘原型舰。但是,战争在推进,武器技术在发展,像“派克里特”航母这种看似有潜力的庞然大物,很快就被淘汰到一边,原因有三:一是有了航程更远的飞机;二是德国的U型潜艇编阵被盟军破了;三是传说正在研制一种崭新的武器——原子弹,能一爆定乾坤,结束战争。

战后,派克忙忙碌碌地搞过一段时间发明,为铁路货车设计了一种燃料节省装置,靠人力脚踏车驱动。之后,他对世界的前景逐渐悲观,为自己的一些真知灼见不能实现而感到无奈。1948年,他自杀了。

鞭子、皮带和劈啪声

如果有人让你列个单子，把“我们的文化中认识偏差最大的、被歪曲最厉害的东西”列出来，你大概不会把鞭子放在名单靠前的位置。而且，要是你偶然读到一篇谈论鞭子的文章，见作者说他“对康韦(A. Conway)和克莱尔(P. Krehl)两位先生贡献鞭子的图片表示衷心的感谢”之类的话，你大概会认为自己捡到了一本《鞭与鞭策》(*Whips and Whipping*)杂志，而不是一本严谨的科学论文。实际上，这些评述均摘自发表在权威科学杂志《物理评论通讯》(*Physical Review Letters*)上的一篇学术论文。

论文是美国亚利桑那大学的一位数学家写的，他要弄清楚鞭子如何甩出劈啪声。回溯20世纪初就有人写出研究报告，说鞭子之所以发出劈啪声是因为鞭梢冲破了音障。后来，还是在20世纪，人们用高速摄影机拍摄，才发现“鞭子”的鞭绳部分，也就是装在鞭把上的那段又长又柔韧的部分，承受了50 000个g的加速度①。如果让一个人承受这样大的加速度，他会感到自己身重3000吨。

戈利里(Alain Goriely)认为甩鞭子发出的劈啪声可能是一种音爆，但他很想详细弄清楚这种声效是怎么产生的。所以，前人的解释没有一点用。有个科学家曾说，当甩鞭人猛力抖甩鞭把时，鞭绳越细，甩鞭造成的波速就越快，鞭稍细如发丝，轻若纤毫，运动的速度可以达到音速。另一位科学家说，这个解释不成立，因为他用所谓的线性动量反复计算，结果显示鞭梢只能按初始速度运动。还有一些科学家运用另一种动量——角动量做过计算，获得的结果各不相同。角动量与高尔夫球棒在挥动时加速的情形差不多。

戈利里与一位同事在这篇论文里写道：“本文意在重新研讨鞭子的动

① 1g为一个重力加速度，大小为9.80米/秒^2。——译者

力学，解释看似矛盾的各个方面，诸如音爆和鞭梢速度的关系、末梢效应、边界条件以及能量作用、线性动量和角动量。”

文章列了一堆数学式子，峰回路转地谈了好几个问题，从经典的柯朗-弗里德里希斯-列维(Courant-Friedrichs-Lewy)稳定性条件，谈到一个可移动的加速弹性边界在超声速流中的运动，继而又谈到声音在皮革里的传播速度。

(这里笔者得稍微跑一下题：声音可不是只有一种速度，声速会随着传输介质的不同而改变。由此，在空气里，声音传播的速度是每秒 340 米；在皮革里，其传播速度要慢一些，为每秒 220 米。另外，科学工作者于近期发现，声音在月球岩石里的传播速度，要比在地球岩石里的传播速度慢得多，猜测大概与声音在乳酪里的传播速度差不多。)

亚利桑那的两位科学家写的论文，似乎把甩鞭发出脆响之谜彻底解决了。其他科学家通过计算说，鞭梢在空中运动的速度刚好超过声音的速度，所以才产生音爆，而戈利里却说，鞭子运动最快的部分是甩鞭人甩鞭时产生的圆弧，它的运动速度是声速的两倍。这个弧形成的物理原理，显然很像精子游向卵子时摆动尾巴的动作，不过还没有人测量过精子移动时造成的超微型超声音爆。

有一个老问题：一辆汽车的哪个地方比它本身的行驶速度快一倍？答案是车轮的顶部。如果正常向前行驶时车轮的底部有一时刻是静止的(不是说汽车打滑)，轮轴前进的速度譬如说是每小时 40 英里，那么这时车轮顶部的速度会达到每小时 80 英里。同样道理，当鞭绳形成的弧由鞭把向鞭梢传递时，弧顶部的速度就是传递速度的两倍。另外，因为鞭绳是一头粗一头细，所以鞭弧从较粗的部分向较细部分传递时会不断加速，最后能达到初速度的 30 倍。

科学探索经常碰到这样的情景：一个问题解决了，新的问题又冒了出来。猛甩一条湿毛巾发出啪的响声会不会也是音爆的结果呢？1993 年，美国北卡罗来纳州有一帮在校的男生，拍摄了多张湿毛巾甩响时毛巾末端的高速照片。照片显示:在毛巾甩响的瞬间,末端的运动速度超过了音速。暂且不说这是不是拿毛巾互相甩着玩的借口——男生们喜欢甩毛巾,后来有人提出了质疑:男生们"甩响"的物品不太像一条真的毛巾,很可能是他们头几次甩响没有超过音速,后来制作的"毛巾"。他们的报告里有一句话说他们"把一条棉布床单撕下一块,做了一条新毛巾,比原来那条长一些"。这话听起来大有伪造实验结果之嫌。也许这时该是戈利里博士出手相助的时候了。他肯定知道毛巾能甩出音速。

也许研究超音速鞭子问题的最非同凡响的成果,大概是有学者得出这样一条结论:有一种叫做'迷惑龙'的恐龙,可能拿自己的尾巴当鞭子甩,以便制造音爆,向其他恐龙发信号。一条迷惑龙身长约 100 英尺,尾巴就占了身长的一半。去博物馆看见过巨大的恐龙尾巴的人都会注意到,恐龙尾巴里的骨头越往末端越小,很像鞭子。计算机模拟显示,沿这样一条尾巴传递的波移动速度可以达到每小时 1300 英里, 这样的速度发出海军舰炮一样巨响的音爆不成问题。这个观点有事实佐证:恐龙尾巴末端的骨节是融合在一起的,因为这部分运动的速度最快,承受的压力也最大,融合在一起可能是反复承受音爆压力的结果。该理论的最后一部分颇为有趣,它认为:雄恐龙可能是利用音爆来吸引异性。在已发现的这种恐龙里,有一半恐龙尾骨是融合在一起的。近期在美国怀俄明州又发现一对恐龙化石,一雄一雌,经观察,只有雄恐龙才有这个特点。

假说和理论有什么区别?

假如我们从左向右竖起一排多米诺骨牌,然后将最左边的那块骨牌推倒,它会撞倒下一块骨牌,接着第二块撞倒第三块,这种好似涟漪播散的效应最终会把立在最右边的骨牌撞倒。这个过程的道理很浅显:第一块骨牌受到推力,重心偏离骨牌的基座,它在倒向第二块骨牌时,接触产生的压力使第二块牌也失去平衡,如此骨牌依次倒下。只要见过这类现象的人,几乎不需要思考,单凭直觉便能知道其中的道理。

现在我们设想这样一种情况:按同样的方法在一小段纸板做成的"隧道"两侧立起两列骨牌。如果推倒最左边的那块骨牌,我们会看到相同的涟漪效应会一直延伸到隧道口,而后会听到隧道内发出几声"卡嗒"声,接着立在隧道右侧的骨牌也会依次倒下去。这种现象我们又当如何解释呢?你也许会毫不怀疑地想,这是因为那段纸板隧道是设置在牌阵的中间段,而牌阵和以前的一样,原因相同,自然结果也相同了。

那么,我们再设想一下:如果桌上设置的是一长段纸板隧道,你看不见骨牌。然后将一个红色球从隧道左端滚进去,过一两秒钟,你看见隧道右端滚出来一个蓝色球。这里,你可以找到很多理由来解释这个现象。你或许会想——特别是心里已经有了骨牌的印象后——是红色球撞倒了隧道里牌阵的第一块牌,而牌阵的最后一块被撞倒时,又将其后的蓝色球推出了隧道。你也可能会想:是那只红球从一端滚进,撞到了放在隧道中间的蓝球,将它撞了出来(即便心里还存有这样的疑问:红球为什么没跟着蓝球一起滚出来呢?)。你还可能这样想:是红球撞到了一只小白鼠,这只鼠受过训练,被撞后就把蓝球轻轻推出隧道。甚至你会这样推想,红球其实是一种变色龙和刺猬的混合物,能变颜色,还能自己团成球。等等,等等……

上述种种都与假设和理论有关系。

先说第一个例子。一排多米诺骨牌一目了然,可以说不牵涉什么理论、假设。凭着我们对物理世界的了解,以及我们掌握的有关物体相撞效果的知识,你知道发生了什么。如果有疑惑,可以拿单个骨牌做实验,称称重,测量一下"力矩",就是反映物体倒落时的力的大小,看看有没有能量损失,致使涟漪效应可能没有沿线一直传递下去,等等。

再说第二个例子,就是纸板隧道两侧各立着一列骨牌的那个例子。你对发生的现象有一套理论。你知道推倒一块骨牌后,骨牌阵会出现什么情况,一路倒向隧道口的骨牌和由隧道口开始倒伏的骨牌的状况与你的解释是一致的,你没有根据认为隧道内并没有一段排列相似的骨牌,把倒伏的动作由一端传递到另一端。这套理论也是目前最容易冒出的解释。可以说,除此之外,其他说得通的解释还真没有。奥卡克姆剃刀定律(Occam's Razor)[①]说,最简单的解释很可能就是正确的解释,根据这一定律,你可以认为自己的理论可以充分解释你所看到的现象。

现在看看第三个例子——红球、蓝球,你有几种假设。现在,你虽然看不到骨牌,但可以依据隧道内有骨牌这一可能性做出推断。当然,你也可以做其他几种可能性的推断,譬如两球相撞、老鼠、变色龙、刺猬之类。这些是假设,或此或彼,不一而足,很难说哪种假设和其他假设同样可能(或者不可能)发生。

理论和假说是有区别的,但常常被人们误解,甚至忽略,譬如在讨论关于"世界是如何运作的?"这一问题的科学解释时就是这样。有时候人们说"通过自然选择来进化只是个理论",其实是在质疑它,感觉它并不能合理地解释生命的进化过程。实际上,它不仅仅是个理论,它就是一个理论,几乎没有质疑的余地。这个理论的解释力和上述第二个例子里说隧道下面是

① 奥卡姆的剃刀(Occam's Razor)是由14世纪逻辑学家、圣方济各会修士奥卡姆的威廉(William of Occam)提出的一个原理。这个原理称"如无必要,勿增实体"。——译者

一个不断续的骨牌阵列的理论的解释力一样。就像那个例子一样，在我们所了解的进化途径的知识中，存在着原始生命形式与今天的地球生命之间种种差异；还像那个例子一样，我们对这个骨牌链的左端的情况有一定了解，那是从研究化石得来的知识。我们对它的右端了解很多，因为我们可以在实验室里实际观察和控制自然选择的过程。就像多米诺骨牌理论，如果有人质疑这个解释，那他必须出具很有说服力的反证才行。

如果有人说："通过自然选择来进化仅仅是一个假设，" 那就为其他解释、道理留有余地，或许智能设计就是一种选择(虽然我不认为是这样，因为它缺少科学的重要特性)。但是，自然选择进化比假设强——因为它是理论，是唯一解释事实的理论，也是过去 200 年间最伟大的科学成就之一。

车轮

马车在大草原上疾驰,印第安人呼啸着在后面追赶,那车轮有时候看起来像在倒转——这种情形你至少在电影里见到过。而在真实的世界里,这种事根本没发生过。

这种错觉跟电影每秒投射24帧静止画面有关系。每一帧画面都会在我们的视觉系统里停顿一下,直到被下一帧画面代替(参见第246页)。摄影机拍摄有辐条的车轮转动的画面时,诸如拍马车的轮子,连续画面通过改换辐条的位置来表现出车轮的转动。这个过程事实上可能会产生三种错觉:第一种,马车在疾驰,车轮好像是静止的;第二种,轮子给人感觉是在向后转;第三种,车轮是在向前转,但给人的印象是转得太慢了。我们只要把第一种错觉——就是车行而轮不转——解释清楚了,其他两种错觉就容易理解了。

为使解释简单明了,我们假设一个车轮只有四根辐条。在第一帧画面里,这四根辐条可能是一个十字交叉形状,四根辐条或垂直或水平,如钟表指针,分别指向12点、3点、6点和9点的位置。如果在第一帧与第二帧画面之间,轮车恰好转过四分之一圈,那么辐条给人的印象是没有转动,因为在第一帧画面里指向12点的辐条在第二帧图像此时正好指向3点,其他辐条也都各自转动了3小时,因为辐条位置又完全一样,因此我们觉得幅条没转。如果马车保持这个速度行进,下一帧图像显示的辐条又是只移动了四分之一圈,车轮看起来还是一点没转。这个镜头持续放映几秒钟,一百多帧画面就放过去了,只要马车不改变速度,我们就会看到这辆马车在草原上飞驰,而车轮子却一动不动。

我们再假定车轮确切不是在两帧画面之间转四分之一圈,而差一点才转够四分之一圈。譬如,12 点转到 2 点,3 点转到 5 点,以此类推。在这种情况下,车轮辐条向前移动 2 小时的效果与向后移动 1 小时的效果是一样的。到了下一帧,轮子实际上是向前转动了 2 个小时,但看起来好像是倒转了 1 小时。接下来几秒钟的视觉效果就是,当马车在前进时,而车轮子却在慢慢倒转。

再说第三种错觉,当马车在高速行驶时,但车轮却在缓缓向前滚动。其原因是指向 12 点的辐条走过了 3 点的位置,其他三根辐条的转动也一样,所以,多帧画面连续起来看,好像辐条都在向前做缓慢的顺时针转动。

默默无闻的迪士尼……①

麦布里奇(Eadweard Muybridge)(原名马格里奇(Edward Muggeridge))是英国籍摄影师,性情古怪,住在加利福尼亚。1872年,有人打赌,请他解决一个问题:马在奔跑时是不是同时四蹄腾空?麦布里奇设计了一套装置,使用拉法线控制多台照相机,对着一匹奔驰的马拍摄了一串照片,其中一张照片显示,马是四蹄腾空的。其实,麦布里奇的装置不光是为赌博判断了输赢。他以这种方式拍摄了不少运动着的动物和人的照片,制成了许多组照片,将这一组组照片依次快速地显示,便产生出类似某些早期电影的视觉效果。

不过,根据一些考古学家的发现,他并不是最早的。20世纪70年代后期,意大利一支考古队在伊朗东南部一个名叫'本特城'(Burnt City)的小镇遗址内发现了一只古代陶碗。这个遗址颇为神秘,住在此地的先民是农夫、建筑工人和手艺人。5000年前,这里非常繁华,但似乎和在这个地域的其他文明[如美索不达米亚(Mesopotamia)文明],没有任何关联。经过多个季节的考古发掘,取得了一些发现,其中有一颗头骨,这颗头骨显示,那个地区曾多次做过人类最早的颅脑外科手术。

发掘陶碗时,考古学家们注意到陶碗上有趣的图案,包括一个环绕碗边的饰带,绘制的是山羊和树交替出现的图案。但是没人认为这些图案可能就是与麦布里奇拍摄的静止画面相似的动画中的画面。后来伊朗考古学家萨迪亚吉(Mansur Sadjaji)把交替出现的图画分别复制下来,又一个个按顺序连起来才看清,原来图案显示的是山羊跳起来吃树上叶子这个动作的

① 本文标题"Some mute, inglorious Disney..."出自托马斯·格雷《墓园挽诗》中的诗句"Some mute inglorious Milton here may rest"。——译者

各阶段的画面。

当然，无人知晓这个图案是否要连续起来观看。伊朗一位导演已根据这个陶碗制成一部电影，展示出令人信服的山羊跳跃的动画。效果引人注目，但也引发了几个新奇的问题。真正像电影的动画开始于19世纪，它是随着诸如旋转画筒（西洋镜）之类可演示活动画面的光学设备，以及后来的电影术的发明而逐步发展的。不过这些都有赖于对人肉眼与大脑工作机理的认识，这一点至关重要。旋转画筒（西洋镜）的结构是带有狭长窥视缝隙的旋转圆柱体，通过缝隙可以看到一连串的画片，画片围绕圆柱体内部放置，每幅图画都和前一幅略有不同。如果你只是旋转圆柱体，从画片的边缘看这些图片，一连串的画片不会出现动作效果，看到的只是模糊不清的界限。但是，当你从圆柱体侧面看，转动的狭缝会产生一幅幅连续的静止画面，画面之间存在短暂的黑暗间隔。在电影放映机放映时也会出现同样的效果，当每个静止画面放映的时间是1/25秒时，那么在下一幅静止画面出现之前便会产生片刻黑暗。这个过程有两点令人迷惑之处。其一是，为何在黑屏和亮屏转换时我们看不到闪烁呢？其二是，如何能使一连串静止画面在连续放映时表现的动作看起来和真的一样？

看不到闪烁是由于一种称为“频闪融合”（flicker fusion）的现象造成的。哪怕是极为短暂的瞬间画面在视网膜闪现一下，这幅画面的信息也会在从眼睛向大脑的传输送时被“拉长”。因此，如果间隔时间足够短，对图像的感知过程就会瞬间黑屏，让人感觉不到它。

但这还解释不了为何我们看到的是动作，而不是一个个交替出现的静止画面。看来似乎还有更深层次的把连续图像中的细微变化转变为实际动作的大脑加工处理过程。甚至还有影响这个过程的神经条件。在极少有的情况下，有些人不能识别真实世界中静止的物体，而只有当物体动起来时才能看到。相反地，还有的人识别静止物体没问题，一旦物体移动时就看不到了。人们研究这些大脑机制后发现，就运动感知而言，在人看电影或动画片时的大脑活动同观察三维世界中运动物体时的大脑活动很难区分，这也解释了为什么错觉能产生特殊效果，电影首次公映时会产生强烈的视觉冲击。

5000年前的陶碗上竟然装饰了一段动画卡通，近200年间的发现、发明让这则消息听来更加不可思议。从理论上确可以说，如果当时把这样一只碗搁在转盘上转一下，再用原始的频闪观测仪做照明，产生动画效果确实是可能的。不过这个难度有点太高了。我们只能认为：当年那位手艺人观察山羊举动非常精确，豁然想到可以把山羊跳起来吃树叶的动作分成几段来表现。

通天塔建成之前

石器时代的人类语言距今 3 万至 10 万年，有没有可能重现它呢？有些语言学家认为有可能。有一群研究者，人数不算多，对人类生活中表述基本概念的词汇追根溯源，一直追到了某个时期，他们认为就在这个时期诞生了人类最初的语言。他们还认为，世界现有的 6000 种语言都是从这最初的语言衍生出来的，从阿巴扎语(Abaza)到祖尼语(Zuni)，概莫能外。

我们很多人都有这样一种认识：一些语言在所包含的在词汇和所使用的语法结构上有颇多相似处，如意大利语和西班牙语、法语和罗马尼亚语、俄语和塞尔维亚-克罗地亚语、挪威语和丹麦语等等。19 世纪，人们发现语言之间还有更广泛和更细致的联系，之后各种语言被划分为不同的语系，属于同一语系的若干种语言看上去没有一点相似处，例如英语和梵语同属于印欧语系。这些“谱系”不是凭感觉而是根据发现的某些规律划分的，表面看来，词语的拼写或发音不一样，但实际上它们都派生于一个共同的词源。有一条规律叫做格林定律[①](Grimm’s Law)，它揭示了一些欧洲语言里以 f 开头的词如何从希腊语和拉丁语等古老语言里的 p 开头的词衍化而来。希腊语的 *Pus* 和拉丁语的 *pedis* 衍生出英语的 *foot*（脚）、德语的 *fuss*（脚）和瑞典语的 *fod*(脚)。类似的音变还有 b 变 p，g 变 k 等等。语言学者运用这些规律，比较英语的 *mouse*(老鼠)、德语的 *Maus*、瑞典语的 *mus*、俄语的 *Мышь*、波兰语的 *mysz* 和希腊语的 *mys*，就可以“重建”原始印欧语里的“老鼠”一词——*mūs*。看起来不意外吧。

但是，印欧语言仅是一个群落，有些相似特征很容易观察到，它们和中国人或者北美印第安人的语言似乎有很大差别。如果曾经有过原初世界语

① 即印欧语子音转换法则。——译者

(Proto-World language)——有些语言学家就这么认为，一切人类语言都起源于它，那它又该是什么样子？我们又如何重构原初世界语呢？

其实，人们利用不同语系之间的相似特征，而非个别语言之间的相似特征，已经重构一小部分词汇。目前有一个范围更大的语系称作“诺斯特拉提克语群”(Nostratic)，是借拉丁语的“地中海”(Mare Nostrum)一词[①]命名的，由该语群派生出的几种语言现在还有人使用。但实际上，诺斯特拉提克语群派生的语言今天覆盖地域非常广阔，欧洲、亚洲、非洲和北美洲的很多语系、语族都在其中。

语言学家研究了现代语言里表示“种子”、“谷粒”、“小麦”或“大麦”等词汇，推断在最初诺斯特拉提克语群中有“bar”或者“ber”这样的单词，由此形成拉丁语的*far*、英语的*barley*、阿拉伯语的*burr*、马来亚拉姆语(Malayalam)的*paral*，还有其他一些在非洲语言、印度语言、地中海语言里具有相似意思的词汇。

一位语言学家用诺斯特拉提克语写了一首诗，他使用专门设计的字母来表示早期的发音：

K̥elHä wet̥ei ʕaK̥un kähla
k̥aλai palhʌ-k̥ʌ na wetä
śa da ʔa-k̥ʌ ʔeja ʔälä
ja-k̥o pele t̥uba wete

译成英语就是：

Language is a ford through the river of time（语言就是时间河流里的浅滩），
it leads us to the dwelling of the dead(它领着我们来到死者聚居之地)；
but he cannot arrive there(但他不能到那里)，
who fears deep water(因为他害怕深水).

---

① Mare Nostrum 意为“我们的海”。——译者

许多语言学者认为,“诺斯特拉提克派”语言学者的思路有问题。有一位批评者称他们是“科萨–诺斯特拉提卡”(Cosa Nostratica)[1],并批评他们是“诺斯特卡小圈子”(Nostratisphere)。

这个领域的先驱之一格林伯格(Joseph Greenberg)认为语群的研究方法是严谨的。他把追踪现代语言之间联系的语言学家与证明虎猫是近亲的生物学家相提并论。生物学家不是说了吗,猫和老虎是近亲,和狗是远亲,而三者又同是一个祖先的后代,这个祖先即原始哺乳动物,现已灭绝,我们根据其后代的共同特点可以重构它。以格林伯格之见,下一步当然是研究原始语(proto-languages)是否也能划分为几个语系,最终目标是对所有语言追根溯源,如他们所说的原初世界语。

事实上,所有语言都源自一个起点——这个理论还是挺有道理的,许多语言学家都认可它。但批评者认为,原初世界语即便有,也因被历史埋藏得太深而很难重构,或很难找到办法证明它的存在。

而世界语的拥护者则认为,他们的研究方法是严谨的,统计数据是有效的。他们确信,当初有一群人把女人叫 *kuni*,把水叫 *wete*。就像我确信现在世界上有一群人把女人叫 *femme*、把水叫 *eau*[2]。他们的理论根据多半来自一张表单,上面列有在许多语言里找到的发音近似的词汇。这么多的相似点,怎么也不会巧合吧,他们如是说。

语言学家鲁伦(Merritt Ruhlen)毫不费力地在世界各语言里找到多个例子,表明语言之间存在一种共同联系。他举了一个例子,就是英语里的“男人”(man)这个词。他在很多语言里搜索,找到了如下例词:在班图语支(Bantu)的穆布迪库姆–巴玛姆语(Mbudikum-Bamum)里有 *mani* 一词,东苏丹语(East Sudanic)有 *me'en*,奥摩语(Omotic)有 *mino*,库希特语(Cushitic)有 *mn*,阿维斯陀语(Avestan)有 *manus*,刚德语(Gondi)有 *manja*,印度洋–太

① Cosa Nostratica 是仿造 Cosa Nostra(美国一犯罪组织的名字)一词,用在此处带有批评指责之意。——译者

② femme 和 eau 是法语词。——译者

平洋语族(Indo-Pacific)有 *munan*,美洲印第安语(Amerind)(贝拉库拉地区)有 *man*;古日语有 *mina*。

为了让大家稍微了解一下3万年前旧石器时代的 *mano*(男人)或 *kuna*(女人)是怎么说话的,笔者在此列出一批单词,都是新派语言学者重构出来的原初世界语的词汇。请看:

aja(母亲)	aqwa(水)
bunka(弯曲)	bur(灰尘)
kano(手臂)	kama(握住)
kati(骨头)	kolo(洞)
kun(谁)	kuna(女人)
mako(孩子)	mana(停留)
mano(男人)	min(什么)
par(飞)	poko(手臂)
teku(腿或脚)	tika(地球)

ESP核爆炸预警器①

很多人相信特异功能是存在的，什么心灵感应、透视、意念移物(比如用意念折弯汤勺)等等，尽管缺乏证据来证明。20世纪50、60年代，人们对这片领域的科研兴趣陡然增加，希望在实验室里对标称的特异功能做严格的科学检测，证明这种能力的存在，尔后将它们统纳进科学的范畴。北卡罗来纳州杜克大学的莱恩(J. B. Rhine)领导了一个实验室专门研究特异功能，通过实验展现其真实效力。

许多心灵感应和透视能力的实验都使用一组卡片，上有标准化测试内容，这样对不同实验室的实验结果可以作比较。有些参试者在实验员躲在另一房间展示卡片时，似乎能"看见"卡片上的内容；另一些参试者则能说出将来某个时刻哪些卡片会被翻过来。

1955年美国的《科学》杂志发表了遗传学家普莱斯(George Price)的一篇重要文章。文中描述了一种方法：可以利用预知力，也就是前述的能"看见"ESP测试卡何时翻过来的能力，来预测未来发生的核爆炸。那时，冷战已经打到白热化，许多美国人担心苏联对美国城市发动核攻击。

"准备的卡片能对核爆炸的热幅射做出反应"普莱斯写道：

> 这样卡片上的初始设计内容将褪色消失，二级设计内容会显现出来。卡片放在多部照相机内，相机的快门全部打开，环绕着一个目标区域，并对准该区域的不同部分。卡片由专人看管，上面的符号列为机密，不得外泄。每天有数千名被选中的受试者(都称自己有特异功能)要提前10天猜卡片上的符号。每张卡片有两种可

① ESP是英文Extra Sensory Perception的简称，意为"超感官知觉"。——译者

> 能正确的符号，研究人员根据每个正确符号来分析受试者猜测的情况。

普莱斯建议使用五种标准的ESP符号[①]，每张卡片上有两个符号，一个符号在无外界影响的条件是可见的，而另一个符号只有在核爆之后才会显现。将卡片放置目标区（如华盛顿特区）周围的制高点，朝向核爆炸区（例如五角大楼）的卡片会自行褪色，新符号会显现出来，而偏离爆炸区方向（例如朝向白宫）的卡片将不受影响。

这样，如果某一天这些群众竟猜出了这样的结果：经统计，受试者对某个区域内放置的卡片上隐性符号的猜对率很高，而对偏离未来核爆地点的卡片上的可见符号的猜对比率也很高，那么，美国就可以提前10天发出通知，政府也能有时间决定是疏散市民——这是最起码的，还是“提前报复”，把那个要找茬儿的国家先炸了——后一种情况更有可能。

“这个建议荒唐吗？”普莱斯写道，语气有些不屑。

> 非也。如果信息理论和莱恩的结论成立，那么这就是一条切实可行又十分重要的建议。这样一套预警系统比雷达既好用又省钱……总之，卡片和猜测之间建立关系的可能性极小，所以上述结果可以作为ESP的证据，人们可以利用这种关系传输信息。即便莱恩发现正确的概率仅有10%，负责相关事务的政府官员也有责任去迅速、彻底地调查预测的可行性。

美国的战略防御计划，就是著名的“星球大战计划”，耗资达140亿美元，现在可以省省了，只要购进100套ESP卡片就能解决问题了。而且，能够就此建立一个特异功能志愿者的网络，那该多有意思啊。但是，莱恩等人

---

① 分别是圆圈、方框、十字、流水和星形。——译者

的研究工作注定失败，这一点普莱斯想到了。等到把不严格的、蒙骗人的实验技术剔除干净后，人们发现，没有哪一名有特异能力的人猜对卡片的概率能超过瞎蒙滥撞的水平。但即便如此，还是挡不住普林斯顿大学这样的名校创办一个心灵学实验室，一办就是30年，直到最后它不得不承认失败，于2007年关门歇业。

霍桑效应

一般人大体知道科学实验是干什么的。如果你想观察对B做A的影响,你就必须确定在你做A的时候,其他诸事保持不变,而后密切观察B,记录下结果C。如果A是“向空中投掷”,B是一枚硬币,那么C就是“落地时正面朝上”、“落地时反面朝上”或者“落地时硬币立着”。在正常情况下,人们会反复做实验看看结果C是否重复出现。如果掷硬币实验只做一次,硬币落地时正面朝上,你可能会草率地认为只要抛投硬币就会是这个结果。有可能多次抛投的结果全是正面朝上,如果是这样,那么这枚硬币正反面的图案肯定是一样的。一般情况下,多次抛掷后正反两面出现的次数差不多,但几乎没有硬币落地站立的情况。

芝加哥市郊有个叫西塞罗(Cicero)的地方,原先是一家大型的工厂联合体——霍桑工厂(Hawthorne Works)的厂址,现在是一个占地500万平方英尺的大型购物中心。就是这个地方颠覆了人们对科学实验程序的传统看法。曾经有4万多人在这里工作,生产各种通信设备,他们的产品包括世界上第一枚高真空电子管。所以,在上世纪20年代,那些想研究不同劳动条件如何影响工人的劳动生产率的实验者们,都把这里当成实用测试场地。

令研究者感兴趣的一个变量是不同等级的照明对生产效率的影响,于是他们做了一系列控制条件试验,在一片厂区变换照明级别,从24至46至70英尺烛光[1],但邻近厂区的照明保持不变。一般情况下,科学家做实验之前都有一套理论假设,预想他们实验的多种结果,但不附带选择任何一个具体结果的理由。以霍桑厂的实验来说,研究者预想可能有三种结果,一是光线好的实验厂区的工人比相邻厂区的工人劳动效率高,二是劳动效率

① 标准烛光为一英尺距离之照明度,为亮度单位。——译者

不变,三是劳动效率降低。他们得到的实验结果与上述三种预想的任何一种都不沾边——照明条件每改变一次,实验组的劳动效率就提高一回,不论是光线增强还是减弱。光线最弱时,生产效率甚至提高得更多。

实验也不限于照明变化。在实验者改变工厂工作的其他条件——保持工作区干净整洁、清理场地上的障碍物、重新安置工作区等——工作条件每次改变,都会使劳动效率在短期内有所提高。

人们将这一现象称为"霍桑效应"。自发现它之后若干年来,研究者又做过很多次实验,均得到了类似的结果,由此他们得出结论:按任一方向改变工作条件中的任一变量,都会提高生产效率,甚至在工作条件又变回到原来状况时也是这样。实验结果可能是一项颇为实用的发现。您要是办工厂,只要时不时地调节一下厂区的亮度,随机确定喝咖啡时间,再改动工资等级,每天的工作时间也间或调整一下长短,工人们就会不断提高劳动效率,直到他们整天工作忙得像陀螺一样团团转。

当然,结果不会是这个样子。靠这一招提高效率,虽然一时效果明显,但不可持续。20世纪90年代有一份对近期研究的回顾,表明上述这类典型实验的结果使生产效率一次提高30%比较常见,但通常只能维持几个星期,几个月之后就会降到很低的水平。

实验似乎只能说明,只有当工人们知道管理者和研究者在关注他们,且关注者是他们尊敬的人或至少是他们的上级,对他们表现出一定的同情和兴趣,工人们就会比较努力地工作,这一点他们自己或许并没意识到。虽然这个实验对于想办法榨取工人劳力的工厂管理者而言也许没什么价值,不过,它却是科学实验的一个范例,你能从中了解做科学实验的基本方法;至少在受试者是人的时候,科学实验是这么做的。

索德链

“索德法则”[1]有个更文雅的名字叫“墨菲法则”。该法则说：如果某物有变坏的可能，不管这种可能性有多小，它总会发生。人们相信正是存在墨菲法则，才造成了好些恼人的事件，比如“抹了黄油的面包片”掉落在地时，正好抹黄油的一面趴在地上。这个定律还有一个推论：事情不光是变坏，而且恰恰是在最烦心的时候变坏。正值隆冬，锅炉坏了；你刚进浴室，电话铃却响了，诸如此类的事。这种恼人事谁都遇到过，因为太恼人，所以总也忘不掉。好在平时还有不出岔子、不出错的事情，不然的话，我们恐怕就无法正常生活了。

不过，偶尔我们会遇到某个烦心事跟生活常识相去太远，以至于我们会认定，在某个时间段，世间万物的正常法则已经全然失效。

几年前就发生过这样一个例子，英国的一位病理学家把它写进了他收集的临床奇事里。这则故事实际上是由一连串索德法则事件构成的，每个事件都很恼人，但在索德法则实例的鉴赏家看来，这件事颇具一种特殊性，那就是：如果事件链上的任意一个环节按意想的方向发展，最终的悲剧就会避免。然而不幸的是，随着故事的展开，索德法则跨越两大洲，连续11次发挥了魔力。笔者以下用“SL”表示“索德法则”，以显现魔力的情节。

故事的开始是这样的：甲医院的医生对一个病理标本是否有癌变征象意见不一，于是决定赶紧把样本送到乙医院的一位病理学家那里求证。乙医院恰好在另一个国家。（病状特殊，不易辨症，而那位医生是位专家。）

接着一串巧事发生了：

---

① 标题 Sod's Chain 译为“索德链”，原文 Sod's Law 译为“索德法则”。sod 一词在英国英语中为骂人语，不便直译。——译者

第一周的星期三,一个信封装着样本组织的显微玻片送到了甲医院附近的邮局,投进航空件邮箱,邮寄地址是乙医院,信件标签注有“加急——诊断用病理切片——无危险——无商业价值”等字样。不幸的是,甲医院负责寄信的员工没有贴足邮票[SL1],邮局将邮件退回了甲医院,要求贴足邮资。退回的邮件没有送到甲医院病理科,而是送到了总服务台[SL2]。医院规定,只有院方主管领导批准方能寄发航空邮件。(最初有人经常自掏腰包绕过这条规定。)此时正好赶上星期五,此事一直要等到第二周周一才有主管领导批办[SL3]。他批准加付邮资后,邮件才能送回邮局重新邮寄,而这要到第2周周二才可办妥。

这份邮件一路绿灯跑了12 000英里(真是的,难道就近就找不着一个病理专家吗?不可思议啊),于星期四由专人送达乙医院。可在那个国家,复活节前的星期四叫濯足星期四[1][SL4]。乙医院有个集中派送邮件政策,所以这份邮件没有直接送到病理科,而是送到了它旁边的办公室,正好临近复活节周末,办公室人员提早下班[SL5]。邮递员把邮件交给一名清洁工,他是唯一还待在办公室的人[SL6]。这名清洁工将邮件投入标有“来件”的箱子里。(其实,这一天该医院的病理科一切如常,医生护士忙着处理每天都有的加急检测。在繁忙的医院里这是常情。)

等到第3周星期三早上,医院职工从复活节休假回来上班,邮件交到病理学专家手里。他查看了病理切片后又与同事讨论,到当天下午4点才确定诊断意见。他想给甲医院打电话,忽然想到两个国家有时差,甲医院此时是星期四凌晨1点[SL7]。

星期三一天,甲医院的那位医生很着急,因为他一直没有收到来自乙医院的消息,于是他发了一份电报询问。他不知道,那个去发电报的职员搞错了,他把本该发给在另一国家另一座城市的乙医院的电报发到了纽约[SL8]。五天后,电信局与甲医院联系说电报无法送达,被退回了。

① 也称耶稣受难日,是每个人必需停止工作参加礼拜的日子。——译者

与此同时,那位在乙医院工作的病理学家知道事情紧急,于是决定发电报将诊断结果传过去,他写了电文交给秘书。秘书将电报内容口述给乙医院总机接线员,认为自己已按要求完成了任务。但她忽略了一点[SL9],医院有规定,发电报都要审批——没错,是这样——要院方领导同意才能发。如果事情至此开始向好的方向发展,那这则故事也就没什么可讲了,但偏偏负责此事的领导去开会了[SL10],开完会直接回家了,所以他没有看到女秘书的发电报申请,一直到第二天,也就是第3周的星期四晚些时候他才看到。他马上批复,同意发电报。星期五早上,他的秘书把电报送到总机接线员那儿,总机接线员又打电话将电文传给电报局。

终于,这封电报以电的速度传到了甲医院的收发处,这时已经是星期五晚上。收发处以少有的效率将电报直接送到了病理科,放在办公室的来件筐里,一直到第4周的星期一早晨才有人看到它[SL11]。甲医院的那位医生打开电报,才看到来自另一个大洲的同行的诊断意见。

在此事前后共计19天,甲院的病理学家和同事们经历了两难抉择。病理样本可能证明患者的乳房有癌变,也可能证明本无大碍。在未确证病理切片为良性的情况下,他们不知如何处理,就在电报到来,答案揭晓的前一天,这个治疗小组对患者实施了乳房切除术。

乙医院的病理学家的诊断是:未见肿瘤。被切除乳房的活体组织切片的检查结果也证明该诊断结论没错。

如果少发生一件麻烦事儿,那封电报至少可提前一天到达,也就不会有那个手术了。

笔者觉得,这一连串的错误,一个跟一个,或许可以叫做“索德链”。这条错误链可能看起来不正常,但如果仔细研究一下在近50年发生的一些灾祸(近50年大灾大难之后均有详细的灾难调查),无一没有索德链的影子,如三里岛和切尔诺贝利的核电站事故,美国宇航局的两架航天飞机坠毁等。假如这条由事件串成的索德链上的任意一个环节不存在,也就是任意一个事件不发生,灾难就能避免。

接电话！

1877年，最早一批电话机面市。它看上去就是一只木盒子，盒子上开有一个孔，孔内有一个振动膜。在电话另一端的人讲话时，声音产生的电流激发振动膜振动。要听清对方的声音，你必须把耳朵贴在孔上，然后回话时再转过头，嘴对着孔说话。用这种新装置通话，需要说话人必须把嗓门提得很高。当时，一位观察者写道："打电话的人拿着听筒，就像拿着一颗定时炸弹……他们扯足了嗓门对着话孔高声喊叫。您就听那喊声吧，要是隔七八十个街区，风向再合适的话，根本用不着电话，照样能听得一清二楚。"

一开始，电话是成对卖的，连接两地，比如某个人的办公室和家，但不久人们发现这个新玩意儿太有用了，不光是办公室和家里通话，还可以连接成一个系统，把许多用户连在一起，这样每个用户可以跟任何一个人通话，于是，电话越卖越多。这个装置虽然简陋原始，却很有效用，不过它还缺少一项关键功能，那就是我们今天看到的任何一套电话必备的功能——让你知道谁打电话找你。

如果你碰巧拿起电话，正好有人在线上，你可以和他们说说话。可是碰巧你没拿起电话，这套设备的局限性也就很明显了。最初，用户用铅笔敲击振动膜来解决这个问题，可是制作振动膜的材料很脆又不耐用，老是敲破，更换频繁。还有一个办法就是对着电话大喊，期望你想与之通话的人离电话很近，能听见挂在墙上的听筒里传出微弱的说话声。

后来，有人——不是贝尔(Alexander Graham Bell)，而是一个名叫沃森(J. C. Watson)的人——发明了振铃，可以装在话机内，只要有人打电话它就打铃。这是一个很显著的改进，但还是有一个缺点——不能发出单独的电话铃声。一位用户要使用加拿大多伦多最早的电话系统打电话，先得跟接线员联系,接线员再把系统内的所有电话打一遍。每个机主都要接一次电话,确认是不是打给自己的,如果不是,那就要恪守道德,放下电话,马上走开,虽然他完全可以站得近些,偷偷听一听那电话内容是不是很有意思。

怎么办?一人打电话,全城电话响。《话务员实用手册》(*Practical Information for Telephonists*)一书的作者洛克伍德(T. D. Lockwood)写道:“持续不停的电话铃声本身是优美动听的,像《高乃维堡的钟声》(*Bells of Corneville*,一部当时很受欢迎的三幕音乐剧)一样美,现在却变得单调乏味,疲惫不堪的耳朵们渴望休息、安静。”终于,解决这个问题的办法找到了,接线员可以直接把电话转接给正确的用户,虽然还有很多用户使用“同线电话”。同线电话就是某用户必须和其他用户共用一条电话线。

这时需要的是一种让打电话的人不必经过接线员就能直接打电话的设备。后来有人发明了这种设备,发明者名叫斯特罗杰(Almon Strowger),是个殡仪馆老板。他之所以搞发明创造,是因为不信任当地的接线员,怕她不把打给他的电话转给他,因为这个接线员是另一家殡仪馆老板的老婆。斯特罗杰怀疑她把亡者家属本来打给他的电话都转给了自己的老公。

于是,他发明了“斯特罗杰交换机”,里面设有一百个位置,打电话时,用户只需用按钮敲打出几位数字就能操纵交换机的一个接触臂转到其中一个位置,一百个位置足够同一交换区内数量不多的用户使用电话。

斯特罗杰成了大富翁。1902 年,他的殡仪馆接到他妻子打来的电话,说斯特罗杰去世了,需要料理后事。

芝加哥有多少钢琴调律师?

芝加哥有多少钢琴调律师?这是物理学家费米(Enrico Fermi)在芝加哥讲学时喜欢向学生提的一个问题。他是想说明,大部分人在不具备专业知识的情况下,仅凭着几个平常的假设也能做出大致的猜测。

他解释说,所有科学问题仅凭少量的基础知识就可以回答,一是凭猜测,二是再加上一条简单的规则。他拿钢琴调律师这个问题作例向学生说明,只要大概估测出城市人口的数量、拥有钢琴的人数,以及一台钢琴要多长时间调一次音等等,就可以得出几近正确的答案。随后,他告诉学生们,可以用类似的猜测获得科学问题的答案,比如:地球的质量有多大?是矮个子走得快还是高个子走得快?有多少食物是供体力消耗的,又有多少食物是维持生命的?你所在学校的学生或所在办公室的所有同事的总体重是多少?人体内共有多少个细胞?这些问题都是"费米问题",在教学中经常用到它们。

举一个不需要了解芝加哥或钢琴的问题吧:抽烟者平均少活多少年?你可能会抱怨说:"这个问题是不需了解芝加哥和钢琴,可是我得知道癌症如何、寿命预期如何。"别急,我们大多数人通过读报汲取了各种各样的信息、知识,凭此我们就能做出合理的猜测,不会显得没文化。

假如有人用枪指着你的脑袋或者用钳子夹着你的指甲,命令你必须回答这个问题,那你该如何想法保住性命、拯救自己的指甲呢?

你大概知道吸烟致命主要通过两种病,一是癌症,二是心脏病,而这两种病在50岁以上的人群里发病率较高,且呈上升趋势。你还知道大多数人活不过80岁。所以,少活多少年的答案一定是介于0到30年之间。不吸烟的人寿命不会因这个坏习惯缩短,那么答案就是0年;每个吸烟者如果都在 50 岁死去,那么答案就是 30 年。显然,答案不会是 0 年,不然这就不是个难题,我们也不用问这个问题了。所以,我们说答案是最少 1 年,最多可能是 30 年。

这就是数学家所说的上限和下限 (参见第 66 页), 分别是 30 年和 1 年。这时,前面提到的那个简单规则要发挥作用了:我们得算一算上限和下限的“几何平均数”是多少。先把上限和下限相乘,再求乘积的平方根即可。1×30 是 30,30 的平方根刚刚超过 5(因为 $5 \times 5 = 25$,$6 \times 6 = 36$)。

我们就凭着这几样简单的知识,或者说就是靠猜,得到了一个答案:5 年。这个问题的真正答案是 6.5 年。这样看,我们的猜测还过得去。

回答费米问题还有一个小技巧。比如,π 可以是 3,每天计作 25 小时,每个成年人体重约为 10 英石[①],直径为 d 的球的体积和边长为 d 的正立方体的体积近似相等,如此等等。有这些近似值就足够使用了。

得到一个像 5 至 6.5 这样近似正确的答案靠的不是侥幸。用上述技巧通常会产生一个具有科学家称之为正确数量级的数,就是说你的答案离正确答案最大偏差不会超过 10 的因数。这可能看起来用处不大;在实际生活中,也确实没有什么用处,你一定想非常精确地知道自己的薪水、退休金、体重或者病情预测,但是在科学里,有时有个答案比没答案好。

不妨用同样的粗糙但尚可用的技巧回答几个问题:“任一时刻在美国上空飞行的人有多少?”或者“从一头母牛到制成一个热狗需要多长时间?”你可以在可变的范围内得到一个答案(你甚至还能算出这个平均可变范围容得下多少架次飞机或者多少只热狗)。

---

① 1 英石 = 14 磅 = 6.35 千克。——译者

望远镜下的阿拉伯科学

“沙文主义”过去常用来指称“大男子主义”。大男子主义就是认为男人比女人优越。不过,这个词的正解是狂热的爱国主义,它源自19世纪早期几部法国话剧里的一位半虚构的人物沙文(Nicolas Chauvin),他在拿破仑的军队里当兵,是个极端的民族主义者。

笔者见识过现代版的沙文主义,说实在话,背后还是有些真材实料的。笔者在一本利比亚的英语手册里读到一篇文章,作者是曼纳(Mohammed A. Manna'),他把阿拉伯人对科学的贡献一一列举出来,为的是更正历史记载,以正视听。文章题为《阿拉伯学者》(*The Arab Scholars*),在此笔者照录全文,不改一字一句:

> 遗憾的是西方作者,尤其是东方学者对阿拉伯学者的著作视而不见。
>
> 欧洲作家有时还编造故事有意诽谤,歪曲史实,贬低阿拉伯人,说他们没有能力取得只有具备知识才能取得的技能。
>
> 为澄清史实,必须不辞艰辛,提纲挈领地介绍阿拉伯学者撰写的一些著作,这样才能戳破虚假言论。
>
> 当整个欧洲还处在懵懂无知的黑暗年代,美洲还未见于历史记载之时,阿拉伯人已经是科学舞台上的闪光角色了,这一点是毫无疑问的。
>
> 公元1196年,阿夫拉赫(Jaber El-Ash'bily)创立代数学①,在

① 全名应为扎比尔·伊本·阿夫拉赫(Abū Muhammed Jābir ibn Aflāh al-Ishbīli)西班牙天文学家、数学家。12世纪上半期活动于塞维利亚。被误认为是代数学的创始人。——译者

此之前欧洲人还不知道什么是泛数。直到今天，代数学还仍是以他的名字命名。

再看天文学，阿拉伯人巴萨里(lbn Elheitham Albasary)发明了显微镜，天文学真正成为一种实践性活动，从而改变了历史进程。不言而喻，英国的培根发明现代显微镜之前是先读了巴萨里的著作。巴萨里在其著作中描述说空间是黑暗的长夜，只有在环绕行星的大气层内才有光线，那是反射大阳的光。

再看医学，阿拉伯学者在解剖学和外科学方面领先于其他国家，在制备药剂、治疗多种传染病(天花、风疹、结疤、痢疾、排尿困难、流产、瘟疫、霍乱)领域都发挥了相当了不起的作用，不仅如此，阿拉伯人还能诊断所有疾病的发病机制。

当欧洲人把疾病当作自然唤来的“邪恶”，并采取骗术救治病人，要花招欺骗病人的时候，阿拉伯学者早已将他们那套理论看得等而下之，毫无价值；在巴斯德(Louis Pasteur)来到世上之前，阿拉伯人已经知道“传染”就是和患者接触而使疾病传播。

不仅如此，阿拉伯学者还精通化学——研究矿物质的无机化学，涉及动植物的有机化学。而且阿拉伯人领先一步，将化学融进了美术，例如制革法、多色羊毛印染、镀锡、化妆品等。

除这些科学成果外，尽管当时还是游牧民族的阿拉伯人并没有大力发展农业，阿什贝利(Zakariya Al'ashbeily)的著作明确指出了阿拉伯人对土壤耕种产生的深入而广泛的影响，不论是在畜牧、耕作、园艺、土地管理，还是对植物营养学、灌溉系统，土壤在特定种植期适宜的气候都有研究。

到10世纪末，阿拉伯学者发明了蒸馏原材、过滤材料、酿酒技术，还有冶金术。

没有哪一位现代科学家敢否认，像酒精、蒸馏器和碳酸钾等词汇至今仍保留着阿拉伯语的词源。

虽然在音乐方面被人嘲笑，但是在10个世纪之前，阿拉伯音乐很繁荣。当时，法拉比(El-Faraby)谱写了他的交响乐的第一个音符，至今西班牙的青少年还伴随着那部交响乐跳舞。

在伊德里西(El-Idrissy)首次描绘出世界地图之前，根本就不存在地理学。他的地图描绘了地球表面的物理特征以及土地、水、大陆和海洋的分布状况。著名航海家哥伦布(Columbus)五个世纪之前发现了西印度群岛，正是因为他之前刚拿到了伊德里西的世界地图并按图航行。

阿拉伯人还在利比里亚半岛创建了钢铁制造厂、武器工厂和弹药制造厂，玻璃厂、水晶厂、鞣皮厂、纺织与真丝厂、纺羊毛、棉花和亚麻布厂等等。

还有，巴德尔(Abdurrahman El-Badr)第一个发明平板印刷术和凸版印刷术，比德国的古登堡(Goettenberg)早8个世纪。

除此之外，阿拉伯学者在几何学、玄学和哲学上展示了崇高的才能，阿拉比(Muhiddin El-Araby)和玛利(El-Maarry)留下大量文学作品，这些作品又为现代哲学家大量引用。无论如何都无法否认，意大利的但丁(Dante Alleghieri)在创作的《神曲(天堂篇)》(*Description of Paradise*)时就是引用玛利《里萨拉·艾尔·古弗兰》(*Risalat El-Ghoufran*)中的词句。

早在英国的塞缪尔(Samuel)、莎士比亚(Shakespeare)和培根(Becon)，法国的笛卡儿(Descartes)和德国的叔本华(Schopenhauer)出现之前，阿拉伯人克哈尔敦(Ibn Khaldoun)就写下僧侣著作和社会学著作。

显然，当其他民族还在岩穴和草屋居住时，阿拉伯建筑师们已经建起各式华美的宫殿、房屋、清真寺等，它们构造和装饰华丽，遍布南欧、非洲，远达远东。

东方学者曾引证伊本·西拿(Ibn Sina)、加扎里(El-Ghazaly)、艾鲁米(Ibn Erroumi)、艾拉兹(Errazi)等学者关于化学及机械论的多部经典。他们不仅盗用阿拉伯学者的著作、作品、发明以及思想理论,抄袭之,模仿之,再占为己有,还不承认有真正的编纂者。

要在一篇缩略的文章里汇集完所有阿拉伯学者的丰功伟绩简直是太难了,因为那需要很多卷本,否则不能涵盖。

让世人看到我们祖先的鸿篇巨著洋洋大观并非必要,但由于犹太复国主义者资助的东方主义分子和极端主义分子长期地、毫无根据地、毫无限度地散布错误印象,势必令毫无证据的虚词假义变得荒谬无效,从另一方面彰显了那些为20世纪文明铺就道路的天才科学家的成就。

笔者作为一个带阿拉伯血统的英国人(我的姓氏萨巴赫确实是从"多色羊毛印染"这道工艺派生出来的),每每感到生活乏味时,就拿出《阿拉伯学者》这本书读一读,身旁放一杯酒,用高保真音响播上一段法拉比谱写的第一个音符,我会感到快慰无比。尽管书里时不时就会遇到语焉不详之处,无意而发的幽默,英语很烂,语病连篇,但曼纳先生还是将那些西方读者并不熟悉的哲学家和大学者的名字一一列举出来,说明他们成就巨大,为现代科学发展奠定了基础。不过,曼纳先生的眼光肯定还不够敏锐,因为他没能指出但丁的本名很可能叫但丁·阿里·吉艾里(Dante Ali Ghierri)……

为什么镜子能颠倒左右,却不能颠倒上下?

这是个非常有趣的问题,说它有趣不是说问题本身有趣,而是说它能招来好多愚蠢的回答。连笔者自己都给出了好多愚蠢的答案。下面我就把我的回答摘录于此:

“让我们先从一个基本事实入手——镜子对它反映的东西没有好恶偏向……”

“实际情况是,左和右不是绝对划分,而上和下却是绝对划分。比如金字塔,它没有左面右面之分,但有顶部和底部之别……”

“‘左’和‘右’不是那么容易确定的,你向火星人解释‘左’和‘右’,怕是累死也解释不清楚……”

“……因为镜子在正常情况下都是垂直放置,如果你把镜子平放在地板上,它正好颠倒上下……”

“假设没有重力,那么我们可以沿 x 轴旋转 180 度角的方向观察他人(x 轴确定为从左向右,穿过被观察者的右面和左面)。这样,被观察者的脚正好是我们的头所在的位置,而他们的头的位置就是我们脚所在的位置……”

既然我得到了真正的答案(见下)——至少现在是真答案,我之前的解题思路看起来方向是对的,却没有一语中的。

道金斯(Richard Dawkins)发现拿这个问题去考大学的考生,能让他们主动开口讲话,很管用:

> 我在牛津大学当了好些年导师,入学面试的时候,我就拿这个问题问考生,测试他们的智力和推理能力:为什么镜子里的映像是左右颠倒而不是上下颠倒?我让他们一边思考,一边回答。这

是个很令人费解的难题，很难说属于哪个学科。这是个心理学问题、物理问题、哲学问题，还是几何学问题？或者就是个常识问题？我并不必须期望考生“知道所谓的正确答案”。我是想听他们的想法，看看这个问题是不是让他们感兴趣，逗起他们的好奇心。如果是，教他们可能就是件有趣的事。①

好吧，道金斯教授，那就看看您教我是不是有趣吧。

首先我想做的第一件事就是把镜子放一边——有它会把问题搞乱。先说一个相关的问题——为什么把右手戴的手套里翻外就能戴在左手上，而反之，把帽子里翻外却不能当鞋穿呢？不管有没有镜子，右手换左手，这个转换在数学上称为“镜射”。在转换过程中，很多性质不会改变，如手套的颜色、手指的长度、布料花纹中线条之间的角度等等。所有这些特点，如长度、角度、图案及左右利手性，均是手套的特征，其中有些受数学镜射的影响，有些不受影响。但是，手套上没有哪个部分是固定的上或下。抬起手，那就是手指在上，套筒在下。在空间里，这只手套即便距离我们 100 光年远，仍然是右手的手套，但没有哪个部分必然是上，因为上与下只是相对于地球上的物体而言的。

所以，标题的问题中的“左”和“右”与“上”和“下”两词有着本质的差别。我觉得人们头脑里的“上”和“下”就是“头”和“脚”，他们觉得不可思议：为什么镜子能把人来个左右调换，却没颠倒头和脚呢？

确定身体的左和右是以人的头和脚为参照的。你想象一下围绕你的身体沿顺时针方向走一圈——头、右侧、脚、左侧，再回到头，那么途经身体的第一个部分就是右侧。但是在失重环境里，我们可能把一只手定义为左手，另一只手定义为右手来给自己定位；再参照左右手，确定哪是身体(包括头在内)的上位。当你想象在身上从左手开始按顺时针方向转，你遇到的身体

① 见理查德·道金斯编著《牛津现代科学写作手册》(*The Oxford Book of Modern Science Writing*)(牛津大学出版社，2008)。——原著

的第一个部分就可以定义为“上”——正好你的头就在“上”这个位置。在这种情况下,从镜子映出其身体的人就会发现,应该被定为“上”的那个部分的身体,即头部,也就是从左手位按顺时针方向转遇到的第一部分,变成了穿鞋的脚。这时候,他就会问:“为什么镜子能颠倒上下,却不能颠倒左右?”

所以,对开篇问题的回答就是反问一句:干嘛非颠倒呢?

现在,我自我感觉好多了。

超速通信

从前有两个人——姑且称一个为布瓦尔（Bouvard），另一个是佩库歇(Pecuchet)——站在法国的两座山头上。一座山头位于一座围城中;另一座山头距它6里格(18英里)远,有援兵可以解围。两人身旁各有一门小炮,手里各持一个钟摆。被围的布瓦尔打了一炮;另一个山头上的佩库歇也回了一炮,然后摆动手里的钟摆。当布瓦尔听到佩库歇的炮声后,也摆动他的钟摆。当钟摆摆过几下之后,比如摆了12下,布瓦尔又打了一炮。当佩库歇听到这声炮响,便停止数自己的钟摆,打开一本小册子。小册子上列有很多带数字的单词和词组。数字12的旁边写着:“我需粮食。”佩库歇看罢,向部下大喊,马上备好一挂骡车,装上棍子面包、数串洋葱和洛林蛋饼,启程前往被围的小镇。过了几个小时,布瓦尔又打一炮,钟摆摇了23下,佩库歇查看小册子,数字23旁写着“谢谢”。围城里的居民于是不再挨饿。

当今世界,即时通信成了社会生活的命脉,如电话、互联网或电视转播等。很难想象现在如此快捷的通信方式怎么会这么快就被发明出来;想想人们使用缓慢而笨拙的远距离通信只是200年前的事，就更觉得不可思议。

1790年,《狄德罗百科全书》(*Encyclopedie Méthodique Arts et Métiers Mécaniques*)提出利用钟摆作远距离快速通信的方法,但并没有资料说谁曾经实际使用过。从那时到今天,几百年过去了,其间,对远距离通信的需求不断增长,人们时不时尝试各种办法来满足这种需求——至少得比骑马送信快吧。巴勒斯坦诗人萨巴赫(Mikhail Sabbagh)(没错,他是笔者的一位先祖)写过一部关于信鸽的著作,详细叙述了人们从诺亚时代起如何利用鸽子和橄榄枝送信,一直到写到穆斯林哈里发掌控的邮政系统。

在法国大革命时代，政府与军事通信的重要性提升到了这样的高度：法国议会通过一条法律："任何人未经授权，私自在两地之间传输任何信号，无论是借助机械发报，还是借助其他手段，将被判处监禁，刑期为一月至一年不等……"

一套成功的通信系统可以实现从国家的一端到另一端的通信，这样的系统对于政府和商业的价值谁都不会忽视。可对于"钟摆发报"的发明者来说，情况有些令人遗憾，他的通信系统还是纸上谈兵的时候，沙普兄弟(Chappe)就发明了一种"机械发报"的系统。1791年3月2日上午11点，兄弟俩在相距10英里远成功地发送了一条信息："你成功了，很快会身披荣耀。"(*si vous reussissez, vous serez bientôt couvert de gloire*)。他们使用的物件是：黑板白板、时钟、望远镜和密码本。

这套系统大获成功，后来法国使用该系统，修建了534个基站，将长达5000千米的网络连接起来。该系统有一座塔台，塔顶立有一根立柱，立柱上有一根活动臂，由下面的绳索操纵，可依托立柱转动；横杆两端各有一段可以转动的杆。借助绳索和滑轮，所有可转动的杆可以摆出各种形状，发送不同的信号。两个塔站之间传递一个单词需时3分钟；远距离传送一条消息，比如相隔800千米的土伦港和巴黎传递消息，需要经过80个塔站，用时几个小时。在大仲马的小说《基督山伯爵》(*The Count of Monte Cristo*)中，那个财务官被拉下马，就是因为买通了发报员，中途将一条从法国南部发往巴黎的法国政府部门的消息作了改动。

英国海军也建了一套这样的报塔系统，专门负责从东部、南部港口向伦敦送消息，但是这些报塔几乎一夜之间便销声匿迹了，原因是有了电报。19世纪40年代，电报进入商业使用。当年笨重的机械发报系统留给今人的唯一踪迹只是英国和法国(还有旧金山)地图上那一两个地名、街名，比如电报山(Telegraph Hill)。

摆锤预测

当我还是孩子那会儿，圣诞爆竹里常常藏着一个神秘惊人的小物件，让我很长时间琢磨不透。那物件是个单摆，一根线加一个"摆锤"。摆锤是一小块黄铜色的金属压制成的，形状为箭头，或鸢尾花。如果你把单摆吊在一个男孩或男人的手的上方，稍等一会儿，摆锤便会沿直线前后摆动；如果你把单摆吊在女孩或女人的手的上方，摆锤就会划圈移动。这单摆甚至可以预测家养宠物的性别。还有更绝的，如果你拿单摆测试孕妇，还能测出胎儿的性别。

我不能说那时的我是百分之百相信。作为一个喜欢质疑的小男孩，我更感兴趣的是探寻其中的玄机，也就是说弄清楚怎么去解释这一现象。最好不需要拓展充实科学知识就能把这事搞明白。是不是生物体身上发出的和性别有关的能量影响单摆的运动。

不过，我不得不说，关于测胎儿性别，有一种解释很难让人认可：因为你知道那小生命是男是女，你便自觉或不自觉地按照自己希望的方向摇动单摆。但是，如果那名孕妇确实不知道腹中胎儿的性别，在这种情况下，单摆确实在她的肚皮上方直画圆弧，譬如说，最终她生下的孩子确实又是个女孩，那么这又该作何解释呢？

我现在已经不是孩童，又比小时候多了点儿智慧，所以我知道小心没错。单摆预测的玄机其实并不神秘，结果之所以令人吃惊，就是因为人能够以一种微妙而有趣的方式运用视觉反馈。

现将单摆预测的发生过程陈述如下：

首先，测试结果绝对是因为预测人事先知道被测人或动物的性别（稍后再讨论那位孕妇的情况）。

尔后，摆锤将朝着你期望的方式运动——如果有人告知你：摆锤画直线代表“女性”，画圆圈代表“男性”，结果一定是这样。（如果你被告知相反的情形，那结果也会反着发生。）

当你拿定单摆用“意念”令它移动时，你手指上的细微肌肉的随机动作便开始向摆线传动，有些动作会让单摆的末端朝着合适的方向做细微移动，只要你看见摆锤往那个方向运动，相应的肌肉动作便会加强，而让摆锤向其他方向运动的肌肉动作会衰减终止。你密切观察时，摆锤的运动姿态会越来越合适，你的指尖肌肉传递动作的效果也越来越显著，最终预测了结果。

这个解释是否正确，有个办法能很容易检验出来。手不放在摆锤下面，试着用意念让摆锤按两种轨迹摆动。不管你的手拿单摆拿得有多稳，你都可以用意念完成这个动作。测男性时，你用意念让摆锤改直线为画圈，这个绝对可以做到。再闭上眼睛试试用“意念”让摆锤来回旋转，(不能有意移动你的手)，肯定转不起来。这说明视觉反馈是个必要条件，有了这个条件，正确的肌肉运动会从视觉的成功提示中不断得到“鼓励”和强化。

再举一个很震撼的例子说明因视觉反馈造成细微肌肉动作的巨大力量。将单摆挂在一个瓶子里，把摆绳的头夹在瓶塞和瓶颈间，然后将瓶子放于没有桌布的桌面上。双手平按在桌面上，仔细观察摆锤。好了，用“意念”让单摆按圆圈或直线摆动。这个过程比你手持单摆而花的时间长一点儿，但摆锤迟早会按你的指令动作，手上肌肉的细微颤动通过木桌传给瓶子，再由瓶子传到摆绳。

你会问，那预测孕妇生男生女呢？我得坦白地告诉您，摆锤似乎确实预测了婴儿的性别，但正确率只有 50%……抛掷硬币的结果不也是这样吗？

从欧洲到美国,乘车只需一小时

1956 年,美国律师戴维森(Frank Davidson)和他刚刚组建的小家庭乘坐渡船在英吉利海峡上颠簸了 7 小时。当时他就想,从法国去英国旅游一定有更好的办法。戴维森在美国金融界人脉很广,在一次午餐会上,他把自己的旅行经历讲给纽约的银行家朋友们听,几个人当即决定成立英吉利海峡隧道研究小组(Channel Tunnel Study Group)。仅仅过了 40 年,当初的动议已经有了结果:海峡隧道打通了,火车载着汽车和乘客在隧道里穿行,往来于英法两地,不喜欢乘飞机的人再也不用忍受晕船的痛苦了。

如今 80 多岁的戴维森仍很活跃。在生命的最后 20 年,他和麻省理工学院的几个工程师一起,提议修造一条海底隧道,横穿大西洋,隧道内修建铁路线——比如从英国的布里斯托到美国的波士顿——使用磁悬浮列车。这项工程的关键技术是磁悬浮,它是利用列车车体和铁轨各自产生的磁场之间的排斥力,在铁轨和车体间形成一个没有摩擦的磁悬气垫,整个车体就悬浮在这层气垫上。日本做过一个高速轨道试验:磁悬浮列车的行驶速度可达每小时 300 英里。

可是谁愿意为了从英国去一趟美国坐 3000 英里的火车呢?即便火车每小时跑 300 英里,这一趟也得花费 10 个小时,而乘坐飞机最多只要五六个小时。戴维森的"大西洋隧道"还有一个特别之处,那就是隧道里没有空气,列车是在真空里行驶,这样可以节省普通磁悬浮列车与空气摩擦消耗的能量,使火车的速度可以大大提高。

如此,戴维森的火车会比飞机略胜一筹,他力推的这项技术可以无限提高火车的时速,因为火车承受的阻力不会随着速度提高而增大,和在空气中运行不同。它能很轻易地以 5000 多英里的时速行驶,所以当日往返美国是完全可能的,因为单程时间也不过一个小时。

和许多对未来技术的预想有所不同,这套磁悬浮运输系统没有使用新概念、新技术:实施起来只有两个障碍:一是资金,二是公众接受程度。要建造这样一条隧道并不是一项艰难的工程,北大西洋沿岸诸国只要制做好混凝土预制件,然后将它们拼接组装起来即可。推进技术现在已经有了。全球定位系统(GPS)卫星技术越来越精密,能够解决那个最棘手的难题——如何防止火车在高速行驶时意外擦碰隧道内壁(那一擦产生的热量能把火车和乘客烧成灰烬。)

修造大西洋隧道会需要多个国家和国际公司之间在资金和建设流程上开展大规模协作。不过建成之后,乘客乘车的费用却是出乎意料,人人都付得起。几年前有人估算,单程车票大概需要 100 英镑,和乘飞机相比还很有竞争力的,而且速度也快得多。

基础化学

杂环化合物的分子由排列成环状结构的原子，通常是由碳原子、氢原子加上其他元素的原子组成。杂环化合物种类很多，构成环状结构的原子数目也不一样；且有多种元素可以提供除碳、氢原子之外的其他原子。它们都有独特的化学分子式，比如 C_5H_5N 或 $C_4H_8O_2$，不过用它们的俗名要比用分子式指称它们方便。这种特殊的分子还有很多变体，变体还能结合成新的分子。19 世纪 80 年代，有两位化学家，一位叫汉奇(Arthur Hantzsch)，另一位叫维德曼(Oskar Widman)，他们各自提出一套命名法，为每一种杂环化合物取一个独一无二的名字。取名的根据一是环的原子数目，二是参与化合的另一元素的性质。

本文不是化学课本，所以你大概知道本篇不是奔着化学命名法这类曲高和寡的话题去的，本篇要讲的事一定比那有趣得多。你想的没错。这个叫做汉奇-维德曼(Hantszch-Widman)的命名法没有顾及英国化学家傻傻的幽默感，它为每一种杂环化合物取了一个完美无瑕的名字，既好记又不失文雅。可是，当替代的杂原子为砷元素时，问题出来了。砷(arsenic)这个词源自阿拉伯语的 *al-zarnikh*。汉奇和维德曼教授规定，所有带砷原子的杂环化合物的命名都以 ars 这个前缀起头。(其他杂原子也用前缀起头，如此氟原子就加前缀 fluor、是碘原子就加前缀 iod 等等。)到此为止，这样命名没什么问题。接着他们又规定：根据环的大小，还要加上一串后缀，比如 irine、ete、ole、inine 和 epine[①]等等。这么一加，带砷杂原子(ars-)且环元数为五(-ole)的杂环化合物“砷唑”(arsole)也就不能幸免地得个大名叫 arsole，正好与英语里

① -irine、-ete、-ole、-inine 和-epine 分别表示环的元数为三元、四元、五元、六元和七元。——译者

骂人的 arsehole(坏蛋、肛门)同音①。

您别说,还真有 arsole 分子呢。不信请看看两位瑞典科学家合写的一篇论文,开头就是:"就 arsole 的芳香性,相关文献已争论多年……"。读完想必你对 arsole 会有更深的了解。英国布里斯托大学化学家梅(Paul May),热衷于研究这个命名法可能生成的化合物名称,他自建了一个名叫"蠢分子怪分子"(Molecules with Silly or Unusual Names)的网站,他在上面写道,arsole 和 6 个苯环结合,可以生成新的化合物,大名一定叫 sexibenzarsole②。

① 其中 ars-(砷杂)是从英文 arsenic(砷)衍生的前缀,-ole 是表示环的元数为五的后缀,两者合在一起得到 arsole,该词因与英式英语中骂人的"arse-hole(混蛋)"一词发音相近,因而砷唑(arsole)在一般人心目中的娱乐意义也明显超过它的学术意义。——译者

② sexibenzarsole 一词的娱乐性更强于 arsole。前缀 sexi-意为六个,发音与 sexy(性感的)相近,benz 意为"苯",与 benz(奔驰汽车)同音。——译者

致谢

笔者在写作本书的过程中得到了下列人士的大力帮助,无论是对选题提出建议——有时连他们自己都未意识到——还是帮我校阅书稿,在此一并表示感谢。他们是:

查墨斯(Iain Chalmers)、察尔兹(David Childs)、戴维森(Frank Davidson)、迪翁(Marc Dion)、霍克斯沃思(Christy Hawkesworth)、汉弗莱(Nicholas Humphrey)、马尔科维奇(Harvey Marcovitch)、纽厄尔(Richard Newell)、里斯(Martin Rees)、史密斯(Linda Smith)、西尔瓦曼(Bill Silverman)、沃尔特斯(Max Walters)以及魏斯克兰茨(Larry Weiskrantz)。

笔者还要感谢布罗克曼(John Brockman)。笔者曾为他编辑的著作《你最危险的想法是什么?》(*What Is Your Dangerous Idea?* Harper Perennial 出版社, 2007 年版)一书撰稿。在写作本书时,布罗克曼慷慨允许笔者将那篇文稿修订后加入本书。

最后, 我还要感谢 John Murray 出版社的菲利普斯先生(Roland Philipps)在本书写作过程中所给予的鼓励和建议。

来源注释可到下列网站查寻:

www.sabbaghhairofthedog.wordpress.com

THE HAIR OF THE DOG
AND OTHER SCIENTIFIC SURPRISES
by
Karl Sabbagh

First published in Great Britian in 2009 by John Murray (Publishers)

策　　划　侯慧菊　王世平
责任编辑　李　凌　侯慧菊
装帧设计　杨　静

"让你大吃一惊的科学"系列丛书
乌鸦也会记仇吗
　　——以及其他科学奇闻
【英】卡尔·萨巴格（Karl Sabbagh）　著
张大川　王书锋　译

出版发行　上海科技教育出版社有限公司
　　　　　（上海市闵行区号景路159弄A座8楼　邮政编码201101）
网　　址　www.sste.com　www.ewen.co
经　　销　全国新华书店
印　　刷　天津旭丰源印刷有限公司
开　　本　720×1000　1/16
字　　数　260 000
印　　张　18.5
版　　次　2011年8月第1版
印　　次　2022年6月第4次印刷
书　　号　ISBN 978-7-5428-5254-0/N·818
图　　字　09-2010-105号
定　　价　58.00元